朝日新書
Asahi Shinsho 740

早慶MARCHに入れる中学・高校

親が知らない受験の新常識

矢野耕平
武川晋也

朝日新聞出版

はじめに

わが子を名門大学に入れたい

わが子は中学受験の道を歩むべきなのか、あるいは、高校受験か？

そんなことを思い悩んでいる小学生の保護者が大勢いるだろう。

中学受験、高校受験の準備をしている小中学生の保護者も、わが子のとるべき進路に頭を痛めているかもしれない。

わが子にはできる限り「良い教育」を受けてほしい。そして、国立大学や早慶ＭＡＲＣＨ（早稲田大学・慶應義塾大学・明治大学・青山学院大学・立教大学・中央大学・法政大学）などのいわゆる「名門大学」に進学してほしい。そうすれば、将来何不自由ない社会生活を営める可能性がぐんと高まる――。そう考える保護者もこれまた大勢いるはずだ。もちろん、名門大学に進めば将来の安泰が約束されているわけではないことは重々承知の上で。私はこれを保護者のエゴと一刀のもとに斬り捨てるつもりはない。わが子を思いやるからこそ自然と湧き出てくる「嘘偽りのない」純然たる感情だろう。

さて、保護者がわが子の中学受験や高校受験に携わる際に、なかなか解けない「呪縛」がある。

それは何か？　保護者が子の受験を考えるときに、どうしても「自分たちが受験生だったときの受験事情」を尺度にしてしまうという点だ。

本書を手に取ってくださる方は四〇歳前後の世代が中心だろう。

ご自身の受験当時のこと、すなわち一九九〇年前後のことを少し思い出してみてほしい。

この頃は連日のように、「教育」に関する諸々の問題がニュースで報じられていた。

一九九〇年、それまでの大学共通一次試験が改称された「第一回・大学入試センター試験」が実施され、国公立大学のみならず、私立大学もこの試験成績を活用できるようになった。ところが、この変革について当時不安を抱いた受験生や保護者が続出した。

一九九二年には戦後六度目となる小・中学校の学習指導要領改訂が行われ、そのコンセプトとなった「新学力観」への賛否が渦巻いていた。また、同年にはいわゆる「偏差値追放運動」が起こり、偏差値による中学校の進路指導や業者テストの中学校内での実施が廃止された。結果として、公立中学校の現場が混乱に陥ることになる。

このように揺れ動く公教育に不信感を抱く受験生やその保護者が多かったのだろう。この頃、中学受験が過熱化する一方、名門とされてきた公立高校、とりわけ都立高校の凋落が始まることになった。

さらに、この時期は大学進学率が一気に上昇し、受験生の大半がいわゆる「団塊ジュニア」あるいは「ポスト団塊ジュニア」であったことから、大学入試全体がかなり「狭き門」となっていた。受験で苦しい経験をした保護者が多いはずだ。

「名門校」と「底辺校」とが逆転?

翻っていまの時代の受験事情はどうなのだろうか。

中学受験は再び活況を呈している。

二〇二〇年度、二〇二四年度と、立て続けに大学入試で大きな改革が行われる予定だ。しかし、その実態が依然として不明瞭であり、果たして公正な選抜がなされるかが疑問視されている。加えて、二〇一六年度から文部科学省主導で行われた「大学合格者数抑制策

（定員厳格化）」により、各大学の入試合格者数が減少。首都圏の私立大学を中心に難化し、浪人生の数が激増している。さらに、昨年二〇一八年には「地方大学振興法」が公布され、今後一〇年間、東京二三区内の大学定員が抑制される。

このような大学入試の激変に不安を抱いた保護者は、子に中学受験の道を勧めることになる。大学付属校はもちろんのこと、中高六年間をかけてこの大学入試改革への対応策を講じると明言する進学校の中学入試は、かなりの高倍率になっている。

この少子化にもかかわらず？　と訝《いぶか》しく思われる方もいるだろう。

しかし、いまは都心部への人口一極集中化が進行していて、東京二三区内の〇歳〜一四歳の人口はこの一〇年間で約七パーセント増加する見込みになっている。中学入試が激化するのも無理はない。

加えて、いま子を持つ保護者が、前述した一九九〇年代の「中学受験ブーム」を身近に感じている世代ゆえ、中学受験に対する抵抗感があまりないことも、現在の受験過熱化に拍車をかけているのだろうと私は見ている。

一方、いまの首都圏（東京都・神奈川県・埼玉県・千葉県）の高校受験事情はどうなのだろうか。

注目すべきは都立トップ校の復活である。たとえば、都立日比谷高校。今春二〇一九年度の大学合格実績に目を向けると、東京大学に四七名が合格している（うち現役合格者数二九名）。二〇〇三年度はわずか三名と「低迷」していたことを考えると、まさに大復活である。学校群制度の撤廃、進学指導重点校・進学指導特別推進校の設置、選抜試験の変更などの諸々の改革が功を奏したのだろう。

また、都立高校の中には付属の中学校を設立して、「中高一貫校化」を図るところも数多く登場しているのも注目である。しかしながら、トップレベル以外の都立高校は受験生集めに苦戦するという「二極分化」が生じている。これは二〇一七年から東京都が取り組み始めた「私立高校授業料無償化」（対象世帯の所得制限あり）の影響が大きいと見られている。

そして、特筆すべきは「完全中高一貫校化」による都立・私立高校入試の募集停止の流れが起こっていることだ。

二〇一九年六月三〇日付の、日本経済新聞の記事を一部抜粋したい。

〈東京都内の有力中高一貫校が相次ぎ高校募集を停止する。本郷高校（豊島区）は二〇二〇年度入学、豊島岡女子学園（同）は二〇二一年度入学を最後に高校入試を取りやめる。都立中高一貫校五校も順次、高校の生徒募集を停止する。高校選びの選択肢が狭まり、中学受験を検討する家庭がさらに増えそうだ〉

どうだろう。保護者世代が受験生だった時代と比べても、いまでは中学受験や高校受験の様相がずいぶん変わっていることがご理解いただけたのではないか。

学校だってその姿を大きく変えている。保護者世代にとっては「底辺」だったはずの学校が、いまは難関校へと生まれ変わっているところを挙げればきりがない。反対に、かつての「名門校」が凋落の一途をたどり、いまは受験生集めに四苦八苦しているところもこれまた数多く見られるのだ。

わが子の進路の羅針盤に

いままで数多《あまた》の「受験本」が刊行されてきた。しかしながら、「中学受験」「高校受験」「大学受験」それぞれの分野に特化した内容のものばかりである。

いままで述べてきたことからも分かるように、いまの受験事情を語る上では、中学受験・高校受験・大学受験それぞれの関係性・連関性をつぶさに見ていかねばならない。

本書の大きなテーマはここにある。すなわち、いまの中高大受験の実情を横断的に描くことで、保護者がわが子の「進路」を考えるための羅針盤にしたいと考えた。

本書は、高校受験・大学受験の最前線で指導している塾・予備校講師の武川晋也氏と、中学受験指導を生業にしている私（矢野耕平）の共著である。平生、子どもたちの受験指導に携わる二人が、それぞれの専門分野の垣根をこえて本音を開陳することで、わが子の受験に悩む保護者に「一筋の光」を投げかけることができると自負している。

矢野耕平

早慶ＭＡＲＣＨに入れる中学・高校

親が知らない受験の新常識

目次

第一章　激変した受験の最新事情　19

第二章　中学受験の「トク」「ラク」「リスク」　89

第三章　高校入試の「トク」「ラク」「リスク」　133

図表作成／谷口正孝

第一章　激変した受験の最新事情

中学受験の世界

ある付属中学校の入試風景

二〇一九年二月二日の午後早い時間、私（矢野）は中学受験塾講師として、「入試応援」（自塾の受験生たちに直前に励ましの声をかける）のために、ある学校の前に待機していた。この学校は、横浜市営地下鉄ブルーラインとグリーンラインが乗り入れる「センター北駅」を最寄りとしていて、駅前からの緑道をしばらく真っ直ぐ進んでいったところにある。

校門近くで待機中の私は、目の前の光景にただただ驚嘆していた。センター北駅からこの学校に向かう受験生、その保護者の波があたかも「一本の線」になって、遥か向こう側から続いているように感じたのだ。それくらい大勢の受験生が詰めかけたこの学校の名は、「中央大学附属横浜中学校」（以下「中央大学横浜」と表記）。神奈川県横浜市都筑区牛久保東にある男女共学校で、校名の通り中央大学の付属校である。この学校は二月一日午前に第一回、二日の午後に第二回の入試を行っている。

人の群れは、この中央大学横浜の「午後入試」を受験した九一七名とその保護者である。前年のこの日の受験者数が八二一名だったので、そこから約一〇〇名増えている。

「中央大学横浜」の名をここではじめて目にする人も多いだろう。それもそのはずで、この学校の前身は、横浜市中区山手にあった「横浜山手女子」という名称の女子校であった。古くから横浜の地にある中堅校ではあったが、二〇〇〇年代に入るとその人気が低迷していた。しかし、二〇〇九年にこの学校が脚光を浴びることになる。学校法人中央大学との合併協定書に調印し、翌年から中央大学の付属校として「中央大学横浜山手」に校名変更。二〇一二年を皮切りに中学校一年生から段階的に共学化に移行し、二〇一三年にはキャンパスを現在地に移転、校名を「中央大学横浜」に再改称したのだ。なお、諸条件はあるが、中央大学への推薦権の保持を認めたまま、国公立大学や医歯薬系学部への進学サポートも充実させていて、学内で先取り学習や補習授業も積極的に行っている「進学校」的な側面を持つ。

さて、私がなぜこの中央大学横浜のエピソードを冒頭に持ってきたか。そこには二つの意味がある。

一つは、中学受験の世界はここ最近活況を呈していて、とりわけ大学付属校が人気を博していること。そして、もう一つは、親世代が受験生だった当時とは、その「受験地図」が大激変していること。この二点を理解する好個の例と考えたのだ。

なぜ中学受験が活況を呈するのか？

首都圏の中学受験市場はいま過熱化している。前回のピークはいまから一一年前の二〇〇八年度入試だったが、同年秋に勃発した国際的な金融危機、リーマンショックに端を発した景気低迷などが原因となり、その後数年間は私立中学受験市場の「底冷え」が続いた。

しかし、**図表1**を見てほしい。二〇一六年以降は毎年、私立中学受験者数、私立中学受験比率（小学校在籍者総数から算出）ともに、伸長の一途を辿っている。「二月一日」は、東京都、神奈川県などの私立中学入試が最も集中する日であり、中学受験の趨勢がよく分かるのだ。二〇一九年の受験者は約四万人となっている。

一体、何が起こったのだろうか。別に日本の景気が目に見えて良くなったわけではないのに、である。

考えられる要因を五点にまとめてみたい。

(図表1)
2月1日の私立中学(首都圏)受験者数及び受験比率の推移

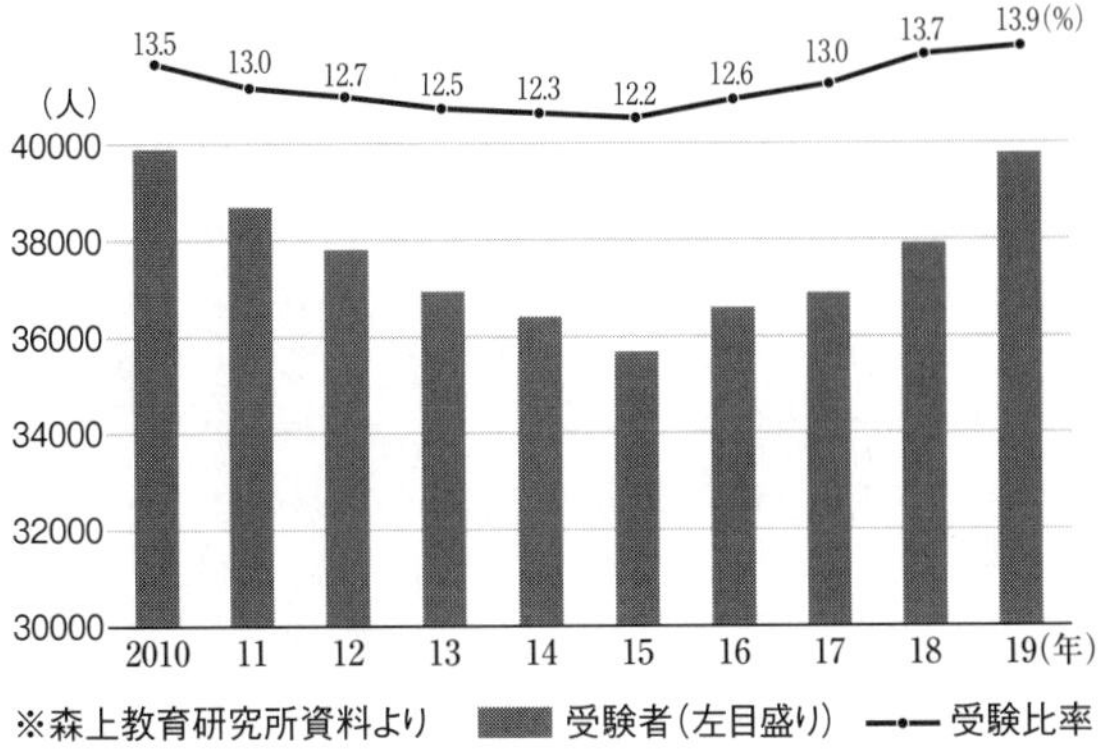

※森上教育研究所資料より

①「中学受験熱」の高い都心部の小学生の数が増加していること。

②いまの小学生の保護者世代は一九九〇年前後の「中学受験ブーム」の頃に小学生であった場合が多く、自身も中学受験を経験している可能性が高い。すなわち、中学受験に対する抵抗感が少ないこと。

③右の②の項目と関連するが、いまの保護者世代に中学受験を勧めた祖父母が、孫の中学受験に経済的支援をする場合が多いこと。さらに、「教育資金贈与の非課税制度」もその潮流を後押ししていること。

④二〇二〇年度あるいは二〇二四年度からの大学入試改革の全貌が見えず、保護

者たちの不安が高まっていること。

⑤二〇一六年度から始まった文部科学省による「大学合格者数抑制策（定員の厳格化）」により、主として首都圏の私立大学が難化していること。これに伴い、この数年は浪人生の数が増加している。この事情を耳にした保護者たちが、わが子をエスカレータ－式に大学に進ませる道（大学入試を回避させる）を見出そうとしていること。

私から見ると、昨今の中学受験ブームはいま挙げた①、④、⑤の影響が大きいように感じられる。それぞれについて詳述していこう。

少子化とは無縁の都心部

私が経営している中学受験専門塾「スタジオキャンパス」は、東京・世田谷区と港区に教場がある。その地で、周辺の児童数は増加していると肌で感じる。東京にいると「少子化」なんていう言葉が信じられないくらいである。

実際、それを裏打ちしたデータがある。二〇一八年三月に東京都が公表した「東京都男女年齢（五歳階級）別人口の予測」によると、東京二三区部の〇歳～一四歳人口（年少人口）は、二〇一五年の一〇〇万三九一九人に対して、その一〇年後の二〇二五年には一〇七万六四二八人と約七パーセント増加する予測となっている。そして、都心に近づけば近づくほど、その増加は著しい傾向にある。

たとえば、東京都が発表したこの集計の「港区」に絞った人口予測を見てみよう。二〇一五年の三万二二五人に対して、二〇二五年には四万一五五人になると見込まれている。実に約三四パーセント増加すると見られているのだ。実際に、港区の臨海部の小学校は近年マンモス化し、新たな小学校が建設されている。

もうお分かりだろうが、中学受験市場を牽引する中心は、これら都心部に居を構える富裕層である。中学受験がこの先も激戦となるのは容易に予想できることだ。

大学入試改革は大混乱

そして、二〇二〇年度、二〇二四年度と段階的に行われる予定の「大学入試改革」について見ていこう。これは政府の教育再生実行会議、文部科学省の中央教育審議会などが議論を積み重ねて計画されてきたものである。従来の大学入試センター試験を廃止し、「大学入学共通テスト」が新たに実施される。また、個別大学における入学者選抜にもメスを入れようとするものだ。この大学入試改革は、高校と大学の教育を一体で見直そうという「高大接続改革」の一環でもある。

　この新しい大学入試が目指すものとは何なのか。教育再生実行会議の報告書に目を通すと、従来の「知識・技能」を中心に見る大学入試から、この知識・技能を土台にした「思考力・判断力・表現力」、さらにはそれらに基づいた「主体性・多様性・協働性」の能力を見る入試へと変えたいらしい。たとえば、国語や数学は記述式の問題が増え、英語では従来の「読む・聞く」能力に加えて、「書く・話す」能力を直接的に見る問題が出題されるという。また、英語では民間試験の導入が計画されていた。

　二〇二〇年度（二〇二一年入学）から実施されるこの大学入試改革。現在高校二年生の子どもたちが、「大学入学共通テスト」の「第一号」の受験生となる。しかし、この間際になっても依然として大混乱が収まらない状態だ。

　たとえば、大学入試の合否判定の材料の一つとなる英語民間試験の詳細が、この時期になってもはっきりしていなかった。また、国語の記述採点では民間業者に委託し、何と学生アルバイトがその採点に携わる可能性も浮上している。この改革の綻《ほころ》びが幾つも見えてきたことで、「公正公平」な選抜が行われるか疑問視する声が、大学教員や中高教員、そして塾予備校関係者、高校生たちの間で広がり始めているのである。

二〇一九年九月には、大学入試改革の延期や中止を求めるデモが文部科学省前で行われ、この混沌とした大学入試改革について苦言を呈するニュース報道が連日のようになされている。

そして、二〇一九年一一月、萩生田光一文部科学相が「自信を持って受験生の皆さんにお勧めのできるシステムになっていない」と明言し、英語の民間試験導入を二〇二四年度以降に延期したのは記憶に新しい。

この有様を目にした小学生の保護者はどう感じるだろうか。わが子の将来に不安を覚え、大学まで直結している付属校に、できれば進学させたい。あるいは、大学入試改革で対応しうる学力を、中高六年間かけてじっくりと伸ばしてくれそうな私立進学校に進学してほしい。そんなふうに考えるのは当然のことだろう。

大学入試定員の厳格化で浪人生続出

先ほどの⑤「大学合格者数抑制策（定員の厳格化）」について説明しよう。

文部科学省は二〇一六年度から、私立大学において入学定員の超過による「私立大学等経常費補助金」の不交付の基準を厳しくしている。簡単に言うと、大学入試で合格者を「出しすぎてはいけない」という指示である（その真の狙いは地方大学の衰退を阻止したいというもの）。これを受けて、早稲田大学や法政大学がそれぞれ前年度（二〇一五年度）と比較して二〇〇〇名以上、明治大学、青山学院大学、立教大学、専修大学などは一〇〇〇名以上も一般入試合格者数を絞りこんだ。

その結果、上位の私立大学入試が全体的に難化することになった。これにより、大学受験予備校では「特需」が起こったそうだ。

複数の大学受験予備校で教鞭を執る講師はこう語る。

「二〇一六年度以降は、高卒（浪人生）クラスの受講者がぐんと増えたそうです。それだけ大学入試で苦戦を強いられた受験生が続出したということでしょうね」

そう、大学入試が難しくなることで浪人生数が増え、その翌年には高校三年生にこれら浪人生たちが加わり、さらなる激戦が繰り広げられている。

近年は上位の私立大学だけではなく、中堅大学がそのレベルを一気に上げたという。別の予備校講師にこの点を尋ねたところ、その激戦ぶりに驚いたという。

「数年前であれば、現役で早慶に合格できただろう受験生がどんどん不合格になってしまい、もう一度早慶を目指すために浪人の道を選んでいます。その浪人生たちと現役生たちが、熾烈な争いを繰り広げているのです。私が注目しているのは、難化しているのが早慶だけではない点です。たとえば、二〇一九年度はGMARCH（学習院大学とMARCH）、成蹊大学、成城大学、明治学院大学、獨協大学、國學院大学、武蔵大学、そして日東駒専（日本大学・東洋大学・駒澤大学・専修大学）をはじめ、中堅大学もかなり狭き門になっていると感じます。とりわけ文系学部は激戦が繰り広げられています」

ある中堅私立中高の入試広報担当者はため息をつく。

「わが校の『早慶上理MARCH』（上理は上智大学、東京理科大学）の実績がガタ落ちしたと、受験生の保護者から不安視されてしまっています。しかし、これはわが校だけではない。ほかの学校だって似たような状況なのです」

この私立大学の「定員超過厳格化」は当初、あまり世間で話題にのぼることはなかった。しかし、子が中学受験を志す保護者は、多くの私立中学校の説明会に足を運び、そこで合格実績低下の原因としてこの制度の詳細と影響の大きさを耳にすることで、「昨今の大学入試は厳しくなっているらしい」という事実を知り始めている。その結果、子の進学候補として大学付属校に目を向けるようになった保護者が増えたのだ。

「完全中高一貫化」が中学受験熱を加速

　ここまで読んで、昨今の首都圏の中学入試が再び活況を呈していて、今後もその勢いが止まらないと予測される事情が分かったのではないだろうか。

　そして、「はじめに」でも触れたように、二〇一九年には中学受験の過熱化をさらに後押しするようなニュースが飛び込んできたのだ。

　東京都豊島区東池袋にある首都圏の女子進学校を代表する豊島岡女子学園が、二〇二二年度からこれまで実施していた高校入試募集を停止し、中学入試のみの受け入れに切り替えるという。つまり、完全中高一貫校化するのである。

　これにより、高校入試で私立の女子進学校を希望する受験生の貴重な選択肢が消えることになるだけでなく、いわゆる都内の女子進学校で「トップレベル」の学校を高校入試で選ぶことができなくなってしまった（**図表2**）。

　そして、東京都豊島区駒込にある男子進学校の本郷は、二〇二一年度からやはり高校募集を停止して、完全中高一貫校化に踏み切ることになった。

　さらに、千葉県のみならず、いまや全国にその名を轟かせる進学校となった、千葉県千

（図表2）
都内主要私立女子中学校の偏差値と高校入試実施校

白抜きの学校は高校募集も実施している

偏差値			
71	桜蔭		
70	女子学院	豊島岡女子学園	
69		（2022 年度から高校募集停止）	
68			
67	雙葉		
66			
65			
64	白百合学園		
63			
62			
61	吉祥女子	立教女学院	
60	鷗友学園女子	頌栄女子学院	
59			
58			
57	学習院女子	東洋英和女学院	
56			
55	香蘭女学校		
54			
53	大妻		
52			
51			
50	晃華学園	田園調布学園	普連土学園
49	品川女子学院	富士見	
48			
47	東京女学館	恵泉女学園	
46	山脇学園		
45	光塩女子学院		
44	江戸川女子		
43			

※四谷大塚主催「合不合判定テスト」偏差値一覧表（2019年度入試結果偏差値）より。偏差値は合格判定80％ラインを示す。なお、複数回入試実施の学校は初回入試（午前）の入試偏差値を表示している

葉市美浜区若葉にある共学校の渋谷教育学園幕張も、その時期は未定ではあるが完全中高一貫校化を検討しているという。千葉県では二〇一七年度から、理系に強い共学進学校として知られる東邦大学付属東邦が高校募集を停止したばかりである。

この流れは私学だけではない。何と都立校でも同様なのだ。

都立中高一貫校の状況を見ておこう。

二〇〇五年に東京都立白鷗高等学校（台東区）が附属中学校を開校し、初の都立中高一貫校が誕生した。

現在では、このほか、都立桜修館中等教育学校（目黒区）、都立小石川中等教育学校（文京区）、都立立川国際中等教育学校（立川市）、都立三鷹中等教育学校（三鷹市）、都立南多摩中等教育学校（八王子市）、都立大泉高等学校附属中学校（練馬区）、都立富士高等学校附属中学校（中野区）、都立武蔵高等学校附属中学校（武蔵野市）、都立両国高等学校附属中学校（墨田区）の計一〇校がある。

なお、「～中等教育学校」の名称の五校は中学募集のみで、高校募集は行われていない。一方、「～高等学校附属中学校」の名称の五校は、その名の通り中学校はあくまでも高校の付属としての位置づけであり、中学募集、高校募集の双方を行っている。

しかし、この五校の「~高等学校附属中学校」が、これから順次高校募集を停止するのである。二〇二一年度は都立富士高等学校附属中学校、都立武蔵高等学校附属中学校が、二〇二二年度からは都立両国高等学校附属中学校、都立大泉高等学校附属中学校が高校募集を停止する。都立白鷗高等学校附属中学校のみは時期未定となっている。

いずれにせよ、都内の受験生にとっては私立・都立ともに「中高一貫化」が進行している状況であり、このことが今後、中学受験熱をさらに高めていくと考えられる。

中学受験の偏差値五〇は優秀?

さて、話を変えよう。中学受験が過熱しているとはいえ、私立中学の二月一日受験者数は、前掲**図表1**にあるように四万人ほどであり、一都三県の小学校卒業生数に対して一四パーセント程度に過ぎない。つまり、一都三県の小学生で私立中学受験に挑むのは、およそ七人中一人である。

中学受験専門塾を営む側として申し上げると、その勉強はかなり長時間かけて取り組まなければならないハードなものだ。算数・国語・理科・社会の四科目が課される入試が一般的ではあるが、それぞれの科目の出題単元は幅広いし、かなり細かな知識も要求される。

（図表3）
首都圏私立主要校　中学入試・高校入試の偏差値比較

学校名	中学入試偏差値		高校入試偏差値	
	男子	女子	男子	女子
開成	71	—	74	—
慶應義塾中等部（女子）→慶應義塾女子	—	70	—	74
早稲田実業	64	69	71	73
渋谷教育学園幕張	70	72	74	74
早稲田大学高等学院	63	—	71	—
慶應義塾普通部→慶應義塾	64	—	71	—
市川	63	65	71	71
慶應義塾湘南藤沢	64	67	70	70
豊島岡女子学園	—	70	—	70
青山学院	58	65	70	70
桐朋	56	—	69	—
明治大学明治	61	64	69	69
巣鴨	52	—	68	—
昭和学院秀英	58	60	68	68
城北	54	—	67	—
立教池袋	57	—	67	—
立教新座	60	—	67	—
中央大学附属	55	57	67	67
広尾学園	59	61	67	67
中央大学附属横浜	55	57	66	66
本郷	60	—	65	—
明治大学付属中野	57	—	65	—
法政大学	54	56	65	65
明治大学付属中野八王子	52	54	65	65
國學院久我山	49	49	65	64
成蹊	50	54	65	65
江戸川女子（Ⅲ類）	—	44	—	65

学校名	中学入試偏差値		高校入試偏差値	
	男子	女子	男子	女子
学習院	54	—	64	—
日本大学第二	43	43	64	64
鎌倉学園	56	—	64	—
法政大学第二	56	58	64	64
明治学院→明治学院東村山	40	41	63	63
十文字	—	44	—	63
成城学園	49	51	62	62
日本女子大学附属	—	51	—	62
城北埼玉	43	—	62	—
東京都市大学等々力（特選）	50	52	61	61
桐朋女子	—	37	—	61
東海大学付属高輪台	36	36	59	59

※中学入試偏差値は、四谷大塚主催「合不合判定テスト」偏差値一覧表（2019年度入試結果偏差値）より。偏差値は合格判定80%ラインを示す。なお、複数回入試実施の学校は初回入試（午前）の入試偏差値を表示している
※高校入試偏差値は2018年12月の教育開発出版「学力診断テスト」の80%合格基準偏差値より

言い換えれば、中学受験勉強をこなして無事に「入試本番にたどり着いた」子どもたちは、その時点でそれなりの高い学力を有しているのである。

その証拠に、中学受験と高校受験それぞれの模擬試験の「偏差値比較」（**図表3**）を参照してみよう。中学入試では、学力上位層から下位層まで幅広く受験している四谷大塚の「合不合判定テスト」（二〇一九年度入試結果偏差値）のランク表を、高校入試では教育開発出版の「学力診断テスト」

（二〇一九年度偏差値）のランク表を用いて、それぞれ見比べてみよう。

中学入試・高校入試双方を実施している学校の、それぞれの偏差値比較が分かりやすいだろう。たとえば、共学付属校の成城学園中学校と高等学校を見てみよう（三五頁）。中学入試の偏差値は男子四九、女子五一である。それに対して、高校入試では男子も女子も六二となる。ほかにも何校か目を向けよう。男子校の早稲田大学高等学院（三四頁）は中学入試偏差値が六三であるのに対し、高校入試は七一であり、女子校の江戸川女子（三四頁）の中学入試偏差値は四四であるのに対して、高校入試は六五だ。

中学入試偏差値を高校入試偏差値に換算すると、おおよそ五～一〇ポイント高くなる傾向にある。

これはどうしてか。先述したように、中学受験勉強を経てきた子どもたちの学力は総じて高く、結果として、その高い学力層内での競争が中学入試で繰り広げられているからである。一方、高校入試は一定の優秀層も存在しているが、中学校の勉強内容に全然ついていけないような子たちもこれまた多く存在する。高校入試は、そんな高低差が大きい中での競争になるからだ（もちろん、中学入試で「優秀層」が抜けるということも大いに関係している。この点は後述する）。

そう考えていくと、中学入試で偏差値五〇という数値の子は、実質的には「優秀層」の部類に入ると言っても過言ではない。わが子が中学受験に取り組む際、保護者はこの点を理解しなければならない。

変わる中学受験地図

保護者が中学受験の偏差値の数値が「特殊」である点を理解しなければいけないと説いたが、もう一点注意すべきことがある。それは保護者世代の「受験地図」を、いまの中学入試で子の受験校を選ぶ際に持ち込んではならないということだ。

本章の冒頭で紹介した中央大学横浜という学校を知らない保護者は多いだろう。それ以外にも、保護者世代が小中学生だったころには存在していなかった学校がいまは数多くあるのだ。

そして、保護者世代にとって学力的に低いと感じていた学校がいまは難関校の一角に躍り出ている、あるいは、保護者世代にとっての「名門校」がいまは凋落し、生徒募集に四苦八苦している例もこれまた数多く存在するのである。

たとえば、渋谷女子高校という学校をご存じだろうか。バブルの絶頂期、渋谷を闊歩する「ギャル」が通う代表的な女子校「シブジョ」として記憶されている保護者もいるだろう。当時は学力的に高い学校とはいえなかった（高校入試の偏差値換算で四〇台に相当）。

この「シブジョ」、いまは共学化して、学校名称も変わり、完全中高一貫化を図った。その名は「渋谷教育学園渋谷」。中学入試偏差値は男子六六、女子六九の難関校であり、二〇一九年度の大学合格実績に目を向けると、卒業生二〇〇名中、東京大学一九名（現役一〇名）、京都大学九名（現役三名）、東京工業大学八名（現役七名）、一橋大学五名（全員現役）、早稲田大学一一四名（現役八六名）、慶應義塾大学九五名（現役六五名）、上智大学二六名（現役一九名）など、全国的にもトップレベルの進学校と形容すべき学校である。あの「シブジョ」がいまやこういう学校へと変貌していることに驚かれる保護者もいるに違いない。

同じようなケースはまだまだある。

港区の順心女子学園は「広尾学園」という共学校に、世田谷区にあった女子校の東横学園は「東京都市大学等々力」という共学校に、中央区の日本橋女学館は「開智日本橋学園」という共学校に生まれ変わっていて、どこも学力レベルを大きく伸長させている。

大学付属校も共学化したところがたくさんある。かつて男子校であった早稲田実業、明治大学明治、中央大学附属、法政大学第一、法政大学第二、芝浦工業大学などが共学化され、その中には校地を移転させたり、名称を変更したりしたところもある。

このような学校の大胆な「構造改革」は現在進行形である。たとえば、二〇一九年度は目黒区の日出学園が日本大学の付属校となり、「目黒日本大学」が誕生したり、西東京市の武蔵野女子学院が「武蔵野大学」に校名変更、共学化を果たしたりしている。

「狙い目」は？　早稲田大学の付属・系属中学校は五校

わが子には将来早稲田大学、あるいは慶應義塾大学に進学してほしい。そのための「最短ルート」として、中学入試で早慶の付属校を受験させたいと考えた場合、どれくらいの選択肢があるのだろうか。

まずは、早稲田大学の付属から。

都内に早稲田大学に関係する学校は三校ある。早稲田中学校（新宿区）、早稲田実業学校（国分寺市）、そして、早稲田大学高等学院中学部（練馬区）である。

早稲田中学校は「付属校」と呼ぶにはためらってしまう男子校である。その歴史は古く、早稲田大学創立者である大隈重信の賛同の下、坪内逍遥《しょうよう》らの手によって創立された伝統校ではある。だが、実は正式な「付属校」ではなく、いまでも早稲田大学の「系属校」である。全員が早稲田大学に進むわけではなく、早稲田大学の各学部から定員が指定され、学内の推薦基準に従いその候補者を決定していく。結果として、卒業生の半数が早稲田大学に進学するのだ（二〇一九年度は卒業生三〇〇名のうち一五二名が早稲田大学に推薦入学している）。ただし、「半数しか早稲田大学に行けない」のではない。「半数しか早稲田大学に行かない」のである。

二〇一九年度の大学合格実績をチェックすると、東京大学に三〇名（現役二五名）、東京工業大学に一四名（現役九名）、一橋大学に五名（現役三名）、慶應義塾大学に四九名（現役三三名）の合格者を輩出している。そうなのだ。早稲田中学は立派な進学校でもあるのだ。実際、その授業内容も進度が速く、在校生たちはハードなカリキュラムを消化しなければならない。長期休暇期間には、大学入試に向けた補習や講習会なども行っている。

続いて、早稲田実業。

こちらも早稲田大学直系の付属校ではないが、早稲田中学と異なるのは大多数が早稲田大学へと進むことだ。二〇一九年度は卒業生三九四名中、三八三名が早稲田大学に推薦入学した。こちらは早稲田大学に進むのが前提のカリキュラムが構築されていて、大学受験を意識しない授業内容になっている。各科目ともゆっくりと基礎学力を養成しつつ、各単元を深く掘り下げるような学習を日々行っている。

硬式野球部が全国的に知られているこの「早実」は、かつて新宿区にある男子校であった。二〇〇一年に現在地の国分寺市に移転し、その翌年に共学化したのである。

そして、男子校の早稲田大学高等学院中学部。「早大学院」の名称で呼ばれるこの学校の創設はかなり古く、早稲田大学唯一の直系の「付属校」である。しかしながら、長らく高校のみで運営しており、中学部を開校したのは比較的最近の二〇一〇年のことである。二〇一九年度は卒業生四八七名中四七九名が早稲田大学に推薦入学している。敷地面積が広大で緑豊かなキャンパスである。生徒たち一人ひとりに目を向けたいという学校側の思いから、中学部は一クラス三〇名という少人数で編成されている。

さて、都内に早稲田大学に関係する学校は三校あると申し上げたが、それ以外の地域に目を向けると、中学入試では早稲田大学にゆかりのある学校が二校ある。

一つは系属校の早稲田佐賀中学校だ。

早稲田大学の創立者・大隈重信の生誕の地である佐賀県に、早稲田大学創立一二五周年記念事業の一環として開校した共学校だ。中学、高校で各一二〇名の募集定員を設けている。二〇一九年度は、卒業生一九四名のうち早稲田大学に一〇九名が推薦入学した。男女ともに寮が設けられていて、東京（早稲田大学）で入試を行っているため、首都圏からの入学者も多い。中学入試の偏差値は男子五四、女子五六であり、早稲田大学に六割弱が推薦されることを考えると、かなり「狙い目」の学校といえるだろう。

「狙い目」といえば、もう一校、大阪府茨木市にある系属の共学校・早稲田摂陵中学校を外すわけにはいかない。

もともとは摂陵という女子の中高一貫校であったが、二〇〇九年に早稲田大学の系属校となり、翌年男女共学化することになった。早稲田大学への推薦率は低く、卒業生の一〇パーセント程度である。しかしながら、早稲田大学に通う同校の卒業生に話を聞くと、その推薦基準はやや甘く、高校の評定平均が四・〇以上（学部によっては四・二以上）、進研模試で偏差値六〇を超えていることなどが推薦条件であるらしい（これはかなりハードルの低い数値である）。寮も完備されていて、首都圏出身の生徒もいるが、多くは大阪府在住の生徒たちで占められていて、そもそも早稲田大学進学を視野に入れている人たちは少ないとのこと。中学入試は首都圏でも行われていて、毎年早稲田大学所沢キャンパスが会場となっている。偏差値は男子四四、女子四五である。

慶應義塾大学の付属中学校は三・五校?

次に、慶應義塾大学の付属中学校を見ていこう。

まずは、共学校の慶應義塾中等部。

港区の慶應義塾大学三田キャンパスの裏手にある。東京の私立中学校が二月一日に入試を集中させることが多い中、二月三日に一次入試を行っていることもあり、大勢の受験生が詰めかける。中学入試定員は男子約一四〇名、女子約五〇名であり、とりわけ女子は狭き門となっている。だから、偏差値が七〇を超えても合格が約束されるようなところではない。この学校は「慶應ネットワーク」の中核をなしていて、慶應義塾幼稚舎(小学校)から男子約二〇名、女子約五〇名が進学してくる。そして、中学卒業後、男子の大半が慶應義塾高校、女子の大半が慶應義塾女子高校に進学する。自由な校風で知られ、学校側は生徒たち一人ひとりの自立心を涵養《かんよう》しようと努めている。基本的にほぼ全員が慶應義塾大学へと推薦入学している。

神奈川県横浜市にあるのは、男子校の慶應義塾普通部。

東急東横線・東急目黒線・横浜市営地下鉄グリーンライン「日吉駅」の西口から少し歩

いたところに、その学び舎はある。反対側の東口には、慶應義塾大学の日吉キャンパスが広がっている。中学入試の募集定員は約一八〇名である。

そこに慶應義塾幼稚舎から、男子約六〇～七〇名が内部進学してくる。中学卒業後は大半が、慶應義塾大学日吉キャンパス内にある男子校の慶應義塾高校に進学する。慶應義塾中等部同様、大半が慶應義塾大学に進むため、学習ペースはゆったりしている。最近はPCやタブレット端末を活用して、先進的な授業を行っているのも特徴的だ。また、生徒たちの知的好奇心を刺激する選択講座も充実している。

そして、神奈川県藤沢市にあるのが、共学校の慶應義塾湘南藤沢中等部である。

一九九〇年に慶應義塾大学が二一世紀の高度情報化社会、ならびにグローバル社会に対応できる人材育成という観点で総合政策学部と環境情報学部を新設し、湘南藤沢にキャンパスを構えた。そして、その二年後に付属の中高を開校したのである。

中学入試では一般枠以外にも、海外帰国生を積極的に受け入れている。ICT（情報通信技術）をふんだんに活用した授業や、さまざまな科目の授業で導入されているディスカッションなど、その教育内容はかなりユニークである。高校卒業後はほぼ全員が慶應義塾大学に進学するが、湘南藤沢キャンパスに留まるものは意外に少ない。

以上三校が中学入試で受験できる慶應義塾大学付属中学校だが、実はもう一校ある。

アメリカのニューヨークにある共学の「慶應義塾ニューヨーク学院」だ。比較的入学しやすく、そのまま慶應義塾大学に進学できる。妹が同校に進学したという同大学の出身者は言う。

「慶應ニューヨークは、中三から高三までの四年制です。AOを含め年三回の入試がありのます。一定の英語力があったり、経済的に余裕があったりする場合には『入りやすい』と言えます。ただ、かなりの出費を覚悟しなければいけません」

かなりの出費とはどれくらいなのだろうか。仮に親の仕事が現地駐在員ではなく、子どもだけを送りだすような場合、寮費・施設設備費を含む学費だけで年間約五〇〇万円かかるという。つまり、大学へ入る前の四年間で二〇〇〇万円、さらに小遣いや渡航費などを含めればもっと費用がかかることになる。慶應ニューヨーク学院は、富裕層の裏技的な選択肢かもしれない。

明治大学付属の特色

MARCH各大学にも付属中学が幾つもある。

まずは、明治大学の付属校を紹介しよう。

共学の明治大学付属明治中学校（調布市）、明治大学付属中野八王子中学校（八王子市）、男子校の明治大学付属中野中学校（中野区）である。

中学入試で求められる学力レベルでいうと、明治大学付属明治が上に抜けている。大半が明治大学に推薦入学するが、それでも東京大学、慶應義塾大学、早稲田大学などを受験する生徒が毎年いて、そちらに進む子もちらほら。付属色の色濃い学校ではありながら、学校サイドのスタンスは「しっかり勉強させる」こと。習熟度別授業を取り入れるなど、生徒一人ひとりの学力向上を目指している。

明治大学付属中野八王子は、JR八王子駅、あるいは拝島駅からスクールバスで通学する緑豊かな学校である。こちらも大半が明治大学に推薦入学する。

明治大学付属中野中学校は約八割が明治大学に推薦入学をする。部活動が盛んであり、男子校ということもあってか礼儀を重んじた教育を行っている。「文武両道」を掲げているのも納得できる。

青山学院付属の「本丸」は？

青山学院大学の付属校は三校ある。

一つは「本丸」とでもいうべき、渋谷区にある共学校の青山学院中等部である。青山学院大学のキャンパスに隣接しており、初等部から大学院までが揃う「総合学園」だ。青山学院に進学する生徒は約八割。国立や早慶をはじめ、ほかの難関大学を目指す生徒が年々増えているらしい。しかしながら、付属校らしいゆったりとしたカリキュラムが構築されているので、他大学受験のためには予備校通いなどが必要不可欠となる。教科ごとに教室を移動するというスタイルはかなりユニークであり、これにより生徒たちの学びに対する主体性を引き出そうとしている。二〇一四年には中等部高等部の新校舎が竣工した。

要注目！ 新しい系属校

神奈川県横浜市には、共学校の青山学院横浜英和中学校がある。もともとは横浜英和女学院という女子校であったが、二〇一四年に青山学院の系属校となり、二〇一八年度より中高とも完全共学化を果たした。ただし、二〇一九年度の青山学院大学系属校推薦入試合格者は、卒業生一二五名に対して一七名のみである。今後、青山学院大学への推薦入学者は増えるだろうと予想されているが、まだその詳細は分かっていない。この点は注意したいところだ。

二〇一八年に青山学院大学と系属校協定を締結したのは、埼玉県さいたま市にある共学校の浦和ルーテル学院。二〇一九年度から校名を「青山学院大学系属浦和ルーテル学院」に変更した。青山学院大学への推薦はどれくらいの割合になるのか、要注目である。

立教大学付属の目標は?

立教大学の付属校を見ていこう。正式な付属校としては、豊島区にある男子校の立教池袋中学校、埼玉県新座市にある立教新座中学校、系属校として杉並区にある女子校の立教女学院と、関係校として品川区の香蘭女学校がある。

もともと、立教池袋と立教新座は一つの男子校であった。中学生は池袋のキャンパスに通い、高校生になると新座のキャンパスに通っていたのである。だが二〇〇〇年にそれぞれが独立し、立教池袋、立教新座という中高一貫校が誕生したのだ。ともにキリスト教精神に基づいた、他者への奉仕ができる国際人を育成することを目標にしている。

一方、立教大学への進学率は立教池袋が九〇パーセント前後、立教新座が八〇パーセント前後となっている。立教新座からはあえて立教大学に行かず、早稲田大学、慶應義塾大学、上智大学などの私大トップ校を受験し、進学する者も毎年一定数いる。これは両校の中学入試実施日の違いが関係していると睨んでいる。

立教新座は埼玉県の私学ということもあり、一月下旬に入試が行われている（二回目入試は二月三日）。一方、立教池袋は二月二日・五日である。つまり、立教新座は東京や神奈川の「本命校」を受ける事前練習的な意味合いを持つことが多い。言い換えれば、そのような本命校に不合格になってしまい、立教新座に進学する生徒たちが一定数いるということだ。そう考えると、立教新座から他大学受験に挑戦する生徒たちがいるのは、うなずけるのではないか。補足すると、立教池袋と立教新座両校に合格した都内の受験生はたいていは池袋に入学するが、新座の広大なキャンパスに魅かれて、そちらに入学する子も中にはいる。

立教女学院は、京王井の頭線「三鷹台駅」を最寄りとする。中学入試は比較的レベルが高く、偏差値は六一となっている。優秀層が多く集まるためであろう、他大学を目指して日々勉学に励む生徒たちが多い。立教大学への進学率は六〇パーセント弱。大学合格実績を見ると、早稲田大学に二一名、慶應義塾大学に二三名、上智大学に一四名が合格している（既卒者含む）。

香蘭女学校は、東急大井町線と池上線の交差する「旗の台駅」を最寄りとする。一八八八年に創立された伝統あるミッション校である。立教と同じく英国聖公会を起源とするため、立教の「関係校」として、卒業生約一六〇名のうち半数の八〇名に立教大学への関係校推薦が与えられる。

二〇一七年から、立教池袋の校長を務めた人物を新校長として迎えた。二〇二一年からは関係校推薦枠がさらに拡大され、最大九七名が立教大学に進学できることになった。

中央附属は90パーセントが中大に推薦入学

中央大学の付属中学校は二校。小金井市にある共学校の中央大学附属中学校と、冒頭で紹介した横浜市にある中央大学横浜である。同校は既に詳述しているので、ここでは中央大学附属について簡単に言及したい。

もともとは杉並区にある私立高校(杉並高校)で、一九五二年、中央大学に合併、中央大学杉並高校となった。一九六三年、小金井市にキャンパスを移転し、中央大学附属高校となり、二〇一〇年に中学校を開校していまに至る。なお、現在ある中央大学杉並高校は、小金井移転の際に学校名と校舎とを継承し、男子部・女子部併設の中央大学附属の全日制普通科高校として新たに設立された。中央大学附属の二〇一九年度の進学状況を見ると、卒業生の約九〇パーセントが中央大学に推薦入学している。

法政付属は2校とも進学サポートが充実

最後に、法政大学の付属中学校を紹介しよう。三鷹市にある法政大学中学校と川崎市にある法政大学第二中学校である。

両校に共通しているのは共学校であることと、以前は男子の付属校であった点である。武蔵野市にあった男子校の法政大学第一は二〇〇七年に現在地へと移転、法政大学中学校に改称し、男女共学となった。そして、男子校だった法政大学第二は二〇一六年から女子募集を開始し、二〇一八年に完全共学化したのだ。法政大学への進学率は、両校とも八〇〜九〇パーセントを推移している。大学入学前の高校三年生のときには、進学する学部別のサポート（事前学習）が充実しているのが両校の特徴だ。

中学受験生の「入試併願パターン」とは？

早慶ＭＡＲＣＨには付属中学校が多数あることがご理解いただけただろうか。

首都圏の中学入試は、一月に埼玉県や千葉県、地方校（首都圏入試会場）が行われ、二月一日から一週間弱の間、東京都・神奈川県の私立中学の入試が行われる。中学受験生一人当たり五～七校程度受験するのが一般的である（近年は午後受験が普及し、一日に二校の中学入試を受けることも可能になった）。

受験生たちのいわゆる「入試パターン」を観察していると、同じような要素を持った学校を併願受験していることが分かる。大雑把に言うならば、次の尺度がそれに当たる。

①男女別学校か共学校か。
②進学校か付属校か。

①と②との組み合わせが共通する学校を、複数受けるケースが多い。

さて、多様な選択肢が用意されている中学入試に見えるが、果たして高校受験よりも中学受験のほうが「トク」なのだろうか。その点については学校種別で回答内容は異なる。それは第二章で詳述していきたい。

高校入試の世界

首都圏の特異な受験環境

続いて、高校入試、特に大学付属校と最難関進学校について、その概略と現況を述べていきたい。前項の「中学受験の世界」と一部、重複するところもあるが、首都圏高校入試を俯瞰しやすくするためである。

この項の執筆担当である私（武川）は、首都圏での中高受験を大手進学塾で一〇年ほど担当してきた。中でも高校入試に関しては開成高校、国立大学付属高校、さらには早慶付属高校への進学希望者が集うクラスで指導を重ねた。また現在は高校受験を担当しつつも、軸足は少しずつ大学受験予備校に移しつつある。振り返れば中学、高校、大学入試をすべて担当していた時期もあり、各受験を横断する視点を持っているとひそかに自負している。

その経験の一端を述べて、わが子の中学、高校受験について日々煩悶しているであろう保護者の一助となれば――そんな思いで筆を進めていきたい。

さて、文部科学省の統計によれば、全国の中学三年生の高校進学率は、二〇一六年の調査で九六・六パーセントである。そして、地方に目を向けると「県下一の進学校」は県立高校であり、成績優秀層はその「トップ校」を目指して勉強し、受験する。私立高校はあくまでも公立高校入試に対する「保険」であることがほとんどだろう。しかし、首都圏においては、地方と同様に都県立入試が受験者数としては多数を占めながらも、私立専願、主に大学付属校を志望する受験者が、他の地域に比べると圧倒的に多い。

首都圏には有力私立大学がひしめき、またその付属中学・高校の数が豊富である。私立大学の両雄といわれる早稲田大学、慶應義塾大学をはじめとし、MARCH各校も複数の付属校を設置している。ただし、青山学院大学の場合、高校募集は一校のみ。立教は立教新座、立教池袋の二校は募集をしているが後者は一五名程度と非常に少ない。

早慶MARCHではない私立大学の付属校は、「押さえ」として受験される例が多い。都県立の併願校として受験されることもある。一方で、公立高校への進学よりも大学付属にわが子を進学させたいと考える保護者は、有名私大の付属校であれば毎年、かなりの割合でいる。私自身が高校受験対策をしてきた経験から首都圏に限って言うならば、やはりその数は他の地域よりも圧倒的に多い。

なお、この状況は大学受験ではさらに顕著になり、首都圏では私立大学専願の受験者数が、特に文系学部志望者を中心に非常に多くなっている。首都圏の予備校では、一学期当初は私大クラスよりも国公立クラスの方が受講者が多い。ところが、夏期講習あたりを境にして、国公立クラスの在籍者が徐々に私大クラスの授業に「移籍」する。

これは、受験科目数の違い（国公立大学はセンター試験のために原則主要五教科を勉強する必要があるのに対し、私大は文系理系を問わず主要三科目受験が標準）や、都市部、特に首都圏と他の地域との家庭の経済事情の違いなどが理由に挙げられる。

あるいは就職など大学卒業後を見据えると、国公立大学と有名私大では大きな違いがないように思われていることも大きいだろう。「無理して東大、一橋、東工大に行かなくても……」という心理が、受験生よりも保護者のほうにより強く働くのだ。

他の地域では、国公立大学への進学希望者が圧倒的に多い。私立のみの受験を考えている層は少なく、その少ない層もほとんどが早慶やMARCH、または関西圏の関関同立（関西大学、関西学院大学、同志社大学、立命館大学）などへの進学を希望している。私は九州地方でも大学受験の授業を担当しているが、福岡市以外の地域では、そもそも私大専願は国公立併願と比較するときわめて少ない。受講者数で考えると、国公立大学志望者と私大専願の志望者が一〇対一程度になる地域もある。その背景には先述の通り、私立大学の絶対数の違いがある。

ともあれ、首都圏における受験の環境は、中学入試の存在だけではなく、高校入試、さらには大学入試でも、他地域と比べた特異性があることがご理解できたのではないだろうか。

話を高校受験に戻そう。本項では、高校から入学できる大学付属高校について詳しく紹介したい。主に首都圏の付属校について説明していく。

まず、早慶MARCH付属高校の受験日程（一般入試）を**図表4**で確認してほしい。

その上で、「どのような受験か」という観点から述べていこう。子どもの性格や特徴を思い浮かべながら読んでほしい。

受験戦略の基本常識①　一般入試組は「連続受験」で合格を！

高校入試の日程も中学受験と同様、千葉県、埼玉県から始まり、東京都と神奈川県が二月一〇日以降に続く。首都圏に住む男子が早慶の付属高校を受験する場合、慶應志木（二月六日）→早大本庄（二月九日）→慶應義塾または早稲田実業（二月一〇日）→早大学院

（図表4）
首都圏「早慶MARCH」付属高校の入試日程（2020年）

MARCH付属					早慶付属			日程
共学校				男子校	共学校	女子校	男子校	
				立教新座				2月1日
							慶應志木	2月6日
					早大本庄			2月9日
	法政大学	中大杉並	中大附属	立教池袋	早稲田実業	慶應女子	慶應義塾	2月10日
	法政第二	中央大学	明大中野八王子				早大学院	2月11日
法政国際	中大横浜	青山学院	明大明治	明大中野	慶應義塾湘南藤沢			2月12日

※各学校のホームページより

（二月一一日）→慶應義塾湘南藤沢（SFC・二月一二日）という受験パターンになるが、この流れで全校を受験することは不可能である。

実は慶應志木の二次試験は二月一一日に実施されるため、早大学院と同時に受験することはできない。また、SFCには二つの「受験資格（枠）」が設けられている。所定の海外生活の体験を持つ、いわゆる帰国子女向けの「帰国生枠」と、首都圏「以外」の地域の中学在籍者向けの「全国枠」である。そのため、首都圏に住むほとんどの中学生は受験できない。したがって、帰国生以外の一般の男子受験生は最大で三つの、帰国生はそこにSFCを加えた最大で四つの合格を勝ち取ることができる。

一方の女子は、早大本庄（二月九日）→慶應女子または早稲田実業（二月一〇日）の受験パターンとなる。SFCは男子と同様なので、帰国生を除く一般の受験生は最大で二校の合格を勝ちとることができる。

そして早慶以外の付属校進学を意識する場合は、その前後の日程でMARCHの付属校を受験し、「押さえ」とする。MARCH付属校を主眼に考える場合も同様に連続日程で受験していくが、推薦入試での加点や優遇（後述）を踏まえて受験戦略を練ることとなる。

また、連続で受験するのは、次のような事情による。

ごく一部の図抜けた学力を持った層が、狙った一校のみを受験するという例は極めて稀である。ほとんどの生徒が複数の付属高校を受験して合格を勝ち取る。これは、進学塾の合格実績を積み増すためではなく、そもそも早慶MARCH付属校の試験問題はいかに「標準的」と指導者側が捉えても、やはり一般的には難易度が高いものであり、実はその分だけ逆転合格も多数起こる。これは、反対に合格が十分に見込めた生徒も足をすくわれてしまう可能性があることを意味している。したがって、そのリスク分散の意味も含めて、受験できる限りは多くの学校に願書を出し、合格証書をもらうことを目指すのだ。

早大学院は大学の「直系」

それでは、各付属高校の特色と受験対策を紹介していこう。

まずは早稲田大学の付属校である。早稲田大学の付属校は、大きく分けて二種類ある。一つはいわゆる「付属校」で、学校法人早稲田大学の直系の付属校と考えていただければよいだろう。これは二校あり、ともに高校受験での募集がなされている。

一校は早稲田大学高等学院（早大学院。通称「学院」）である。早稲田大学の最初の付属高校で、開学以来男子校である。前身の東京専門学校予科を含めれば、二〇一九年現在で一三七年の歴史を誇る。

在校生の感想を総合すると、「男子校らしい男子校」というイメージになる。また、自由な校風であることで知られる。身内に早大学院の卒業生がいる知人は、「彼の高校生活は大学生同様だった」と言っている。

「男子校らしい男子校」であり、「大学付属高校らしい大学付属高校」でもある。自己推薦方式で一〇〇名の生徒を募集することも、大きな特徴だろう。この自己推薦では大学入試の自己推薦や、ＡＯ試験に匹敵するほどの自己推薦書と長時間の面接試験が課される。この方式の選抜や、さらに中等部からの内部進学者も含めた多様性が、やはり大学同様の雰囲気を形成しているのかもしれない。

入試科目は「英数国」に加えて、「小論文」を課しているのが特徴である。この小論文が九〇一字以上一二〇〇字であり、この分量は高校受験では破格である。大学入試でもこれより少ない分量の小論文が課されるケースがたくさんある。テーマも年度によってはかなり難度が高く、早大学院の入試の大きな特徴となっている。

英数国の各科目も年度により難易度にバラつきがあるのだが、科目バランスが悪くとも、得意科目があると合格しやすい。私には国語の出来が合否に大きく影響しているように思われる。

入学後は原則全員、早稲田大学進学が可能だ。これは高校留年者も同様で、早大学院を卒業さえできれば早稲田大学に進学できるという仕組みになっている。

進学先をみても、政治経済学部や法学部といった、私大入試で最難関とされている学部にも多くの希望者が進学している。

多様性に富む早大本庄

もう一校の付属校は、早稲田大学本庄高等学院（早大本庄。通称「本庄」）である。こちらは早稲田大学の前身、東京専門学校の創立一〇〇周年記念事業として一九八二年に埼玉県本庄市で開学した。当初は早大学院と同じく男子校だったが、二〇〇七年に男女共学となり、後述するが成績優秀層の女子にとっては貴重な受験機会となっている。

早大本庄は、広大な土地と緑豊かな環境が特徴として挙げられる。学校説明会などに足を運んだ保護者、受験生の多くが魅了されるという。私も何度か訪れているが、何とものどかな雰囲気であり、こういう環境で高校生活が送れることは幸せだろうなあ、としばし感慨にふけったものだ。

かつては「委託ホーム」といって、寮に入れない生徒が一般家庭に「下宿」する形で通学をしていたが、現在は女子寮も含め寮が充実しており、遠方通学者の選択肢のひとつになっている。東京都内や神奈川県、千葉県の自宅からの通学者もいる。新幹線通学でも一時間以上、在来線なら二時間以上かかるが、それだけの価値を認めているからだろう。

また、帰国生や留学生を積極的に受け入れており、国際色豊かである。様々な文化が交わる学校なのである。

一次試験（学力試験）は早大本庄の他に、早稲田大学早稲田キャンパス（東京都新宿区）にも会場を設置し、首都圏南部の受験生にも配慮している。

二次試験（面接）は早大本庄での実施となり、現地まで行く必要があった。これまでは、他の高校の受験結果次第では一次試験に合格しても二次試験は欠席という事例がしばしばあった。しかし、二〇二〇年度入試から二次試験が廃止されると発表された。

早稲田大学への進学は原則全員が可能であり、学部選択も早大学院と同様であり幅広い。三年間本庄で学んだ後には早稲田大学でのキャンパスライフが保証されているのだ。

早稲田の「系属校」は五校

以上二校の「付属校」に対して、早稲田大学には「系属校」と呼ばれる高校が五校存在する。早稲田実業学校高等部、早稲田摂陵高校、早稲田佐賀高校、早稲田渋谷シンガポール校、そして早稲田高校である。

これらの学校は、名称に「早稲田大学」の「大学」が付かないのが特徴である。この五校のうち、早稲田高校のみが完全中高一貫校であり、高校入試は実施していない。他の四校は高校入試での募集もあり、また首都圏に入試会場を設置している。

早稲田実業の入試は数学に注意！

早稲田実業学校高等部（早実）は、早稲田大学の創設者たちによって設立された実業学校であり、当初は早稲田大学の傘下にあったが、一九一〇年代にそこからはずれ、一九六〇年代に早稲田の「系属校」として復帰したという特殊な沿革になっている。もともとは商業科しかなかったが、のちに普通科を設置した。出身者も王貞治氏や小室哲哉氏など、現在、学校の一部施設に名を残す著名人や、近年では「ハンカチ王子」の斎藤佑樹選手、高校通算本塁打記録を更新した清宮幸太郎選手なども在籍していた。

前述のように国分寺市に移転した翌年に男女共学化し、さらには初等部を開設した。ちなみに早実の初等部は、現在のところ小学校受験で早稲田大学まで進学できる唯一の学校である。むろん、難易度は首都圏屈指だ。

早実は系属校であったため、かつては早稲田大学への内部進学率は付属校に比べると低く設定されていたが、現在では付属の二校と遜色がない。つまり、ほぼ全員が早稲田大学に進学できる。ただし、進学先の学部の割り振りについては付属校とは異なっている。特に文系は、先述の政治経済学部や法学部などへの推薦枠は少ない。中学入試と高校入試のいずれも、女子の方が男子よりも圧倒的に難関であることを踏まえると、多くは女子生徒が進学していくと言われている。

校風は早稲田大学の付属・系属校の中で、いちばん「規律重視」のように思える。特に女子の場合は、慶應義塾女子と並ぶ最難関高校であるが、そんな規律の中で自己を生かせるタイプが向いているだろう。

入学試験は標準的だが、取りこぼしは許されず、特に数学は重いものとなる。数学を中心に科目バランスが取れていないと合格は難しいだろう。

早稲田佐賀、早稲田摂陵の大学進学枠は？

早稲田佐賀、早稲田摂陵は、設立されてからまだ日の浅い系属校であるせいなのか、早稲田佐賀は六〇パーセント弱、早稲田摂陵は一〇パーセント程度と、早稲田大学への進学枠が早実に比べて少なく設定されている。この進学枠の違いから、首都圏の受験生の中には早稲田佐賀を受験し、その他の合格校と比較して、他校へ進学する事例もしばしば見られる。早稲田佐賀の受験難易度は、MARCH付属と同程度になっている。

全員が大学に進める慶應付属

慶應義塾大学の付属校はどうなっているか。慶應義塾大学は早稲田大学と違い、付属校の種別を分けていない。慶應義塾高校、慶應義塾女子高校、慶應義塾志木高校、慶應義塾湘南藤沢高校、慶應義塾ニューヨーク学院と五校ある。すべて直系の付属校なので、高校卒業時には慶應義塾大学に全員が進学できる。ここでは、ニューヨーク学院を除く国内の四校について取り上げる。

まずは慶應義塾高校（義塾。通称「塾高」）。

戦後の学制改革によって発足した男子校であり、横浜市の慶應義塾大学の日吉キャンパス内に校舎がある。だから、高校の学び舎も大学の一施設のように感じられる。第一校舎と呼ばれる白い建物は一九三四年に竣工し、現在は「かながわの建築物一〇〇選」に指定されているため、保存が義務付けられており、建て替えや改築が禁止されている。

塾高の最大の特徴はその人数であろう。生徒総数約二三〇〇名のいわゆる「マンモス校」である。一学年あたり、約一八学級七〇〇名で構成されているが、半数が付属の慶應義塾普通部（男子校）や慶應義塾中等部（共学校）からの内部進学者で、残り半数が高校入試からの入学組である。その意味では、高校入試においても間口が広い学校であり、また、最も人気の高い学校の一つである。

生徒数の多さのゆえか、「独立自尊」（慶應義塾の校是）の精神のゆえか、修学旅行は一斉には行われず、「選択旅行」として実施される。

幼稚舎、普通部、中等部、そして高校入学組と多種多様な同世代が集まることが、卒業後の三田会（慶應義塾大学の同窓会。日本屈指のOB・OG会と言われる）へと通ずる人脈形成の重要要因となっている。そもそも、「慶應義塾中学校」というものは存在しておらず、内部進学者とて普通部、中等部という別の学校から進学してくるので、一定の「多様性」を持っていると言えるだろう。

私自身は、東急田園都市線沿線の進学塾で早慶付属高校志望者を担当する機会が多かったが、その中で最も人気だったのは塾高であり、複数の早慶付属高校に合格した生徒が選択した進学先は基本的には塾高だった。そして、進学者の多くが「成績がヤバいです」「進級できるか不透明です」となんとも情けない報告をしてきたのだが、結局、みんな無事に進級しているし、何より高校生活を楽しんでいた。塾高も早大学院同様に直系の付属校だからだろうか、「男子校らしい男子校」であり、「大学付属高校らしい付属高校」である。

入学試験は一次試験（筆記）と二次試験（面接）で選抜する。早稲田大学の付属（系属）高が、先述の早大本庄の面接試験廃止によってすべて筆記試験で決まることになったのに対し、慶應大学の付属高校の場合、慶應義塾高校と後述の慶應義塾志木高校、この男子校二校が面接試験を実施している。

この面接試験の質問内容はオーソドックスなものだが、「自分の意見を自分の言葉で表現できない」タイプの男子生徒は苦労する。過去を振り返ると、慶應義塾は慶應志木（そして今年で面接を廃止する早大本庄）に比べても、試験科目の得点だけでなく、総合的な力が求められる入試と言える。これは中学校の成績についても同様であり、受験生への質問内容を見ても、内申点の数値が悪い科目については必ずと言っていいほど指摘されている。

慶應志木はほとんど高校入学組

次いで、慶應義塾志木高校（慶應志木。通称「志木高」）である。埼玉県志木市にキャンパスを置く慶應志木高校は、慶應義塾農業高校が前身。その名残として校内の畑で農業の授業（耕作授業）があり、文化祭の名称が「収穫祭」として現在に引き継がれている。慶應志木も男子校であるが、塾高に比べると人数が少なく（一学年二五〇名）、ほとんどが高校入学組である（例年二〇名前後が普通部、中等部から内部進学してくる模様）。

慶應義塾高には内部進学組の作る独特の空気感があるようで、最初から「仲良しグループが出来上がっている」と、塾高の高校入学組は入学直後にボヤいていることが多い（ただしこの状態もすぐに解消するようだが）。

しかし、高校入学組が大半を占める慶應志木には、その心配はほぼないと言っていいだろう。また、「高大連携教育」を標榜しており、特に慶應義塾大学理工学部や医学部、薬学部への見学会を実施するなど、前身の農業高校の頃の影響か、理系の教育に力を入れているようである。

入学試験は非常に特徴的、かつ難易度が高い。特に数学は各進学塾の対策を嘲笑《あざわら》うかのような難問を出し、多くの受験生が数問しか正解できないような年もある。国語も「ひしゃく」や「枡《ます》」の絵を描かせる問題や、俳句を作らせる問題など、文章読解に縛られることのない幅広い能力が問われるものとなっている。この入試問題は高校入学後の授業のユニークさの反映と言えるだろう。早慶付属高校に進学後、「学校の授業が面白い」という感想を述べる生徒の多くは慶應志木への進学者である。まさに「大学入試にとらわれない知の実践」を体現している学校と言える。

塾高が「大学付属高校らしい付属高校」であるのに対して、慶應志木は「高校らしい高校」である。その点も「慶應義塾大学の付属校」と一括《くく》りにできない魅力の一つである。

女子最難関の慶應女子

慶應義塾女子高校（慶女。通称「女子高」）は、一九五〇年に東京都港区三田の地に開学した。制服は灰色のタイトスカートであり、シンプルながら気品を漂わせる姿が多くの女子受験生に憧れを抱かせるようだ。そして何より慶女は高校入試での最難関の高校である。また、内部進学の生徒はこれまた女子の中学入試では最難関である慶應義塾中等部からやってくる。つまり、三田の慶女の校舎は世代の中で（あくまで首都圏内だが）、最優秀の女子生徒が集う空間になっていると言えるのだ。

そんな慶女に進学した過去の教え子を思い返すと、ほとんどの生徒が強いこだわりを持っていた。誤解を恐れずに言えば非常に我が強かった。その我の強さは、自分自身の能力を磨くための努力に裏打ちされていた。勉強を「やらされている」のではなく、自分のために「しっかりと続けていく」といったタイプの生徒が多かった。またその我の強さが（いい意味で）入学後にぶつかり合うことによって止揚され、人間的魅力をさらに増していくように思われる。慶女生たちはみな楽しそうに高校生活の話をする。

入試問題はどうだろうか。

慶應義塾高校の場合は、入試難易度と比べてそこまで難しくない。むしろ平易なほうだろう。たとえば、英語は長文の題材が単純な物語文（高校入試の英語長文の題材は、早慶付属レベルでも話の展開が単純なものが中心）である。それに対し、慶女の英語は難度が高い。評論が出題されたりするなど、他の早慶付属と一線を画している。そして、慶女の国語はほとんどが記述問題であり、やはり難度が高い。また、数学の難しさは、女子に受験機会が開かれている学校の中でも群を抜いているだろう。数学の出来不出来によって合否が分かれることもしばしば起こる。その意味では、受験結果は模試の成績順とある程度の相関性はあるものの、逆転合格も毎年多く生まれている。入試日が同じである早実の入試ではバランスが要求され、なおかつ模試の成績と相関性が高いこととは対照的である。

「帰国生枠」と「全国枠」がある湘南藤沢（SFC）

最後に、慶應義塾湘南藤沢高等部（慶應湘南。「SFC」）である。

一九九二年に藤沢市に開学した共学校であるSFCは、慶應義塾大学の湘南藤沢キャンパスの中に校舎がある。高等部の生徒は慶應義塾横浜初等部、慶應義塾湘南藤沢中等部からの内部進学組と高校入学組から構成されているが、高校入試は他の早慶付属高校とは異なり、先述の「受験資格」（「帰国生枠」と「全国枠」）を設定している。

小学校受験で、慶應義塾横浜初等部は最も受験倍率が高い一校である。中学入試でも、難易度は（特に女子は）御三家（女子は桜蔭・女子学院・雙葉、男子は麻布・開成・武蔵）と呼ばれる学校に匹敵するものであり、その世代における優秀生を選抜している。

そこに高校から、帰国生と首都圏外の文化を持った新入生が現れる。そのためか、慶應義塾の付属校の中でも随一の多様性を誇る。入試についてだが、学校の特性上、英語の出来不出来が入試結果につながるイメージが一般的だ。しかし、これまでの合格者を振り返ると、英語はもちろんできるのだが、それ以上に数学や国語で合否が分かれるようである。

内部進学と外部受験を選べる明大明治

MARCH付属高校について触れていきたい。

明治大学の付属高校は三つあるが、早稲田大学と同様に直系の「付属校」である明治大学付属明治高校と、「系属校」である明治大学付属中野高校、明治大学付属中野八王子高校とに分かれている。

まず、明治大学付属明治高校（明大明治。通称「明明」）。

一九一二年の開学以来千代田区にキャンパスを構えていたが、二〇〇八年に調布市に移転し、同時に男女共学となった。

明明の最大の特徴は、「希望者全員が明治大学の希望する学部に進学できる」ことであろう。様々な大学付属高校の中でも異色である。全員が大学に進学できるという付属高校は多いが、「希望学部まで選べる」というところは珍しい。しかも、その推薦権を持ちながら国公立大学の受験が認められている。ただ、国公立大学に向けた受験準備を進める生徒は一定数いるものの、実際に受験する生徒となると少なくなっている。

校則、校風は他大学の付属校と比べると厳しい方であると言える。そのためか、平生より勤勉な様子が見られる「高校生らしい高校生」が多い印象である。

入試は英語が他教科よりも配点が高いのが特徴で、英語が苦手な受験生は合格可能性が極めて低くなる。これは早慶付属高校に合格した生徒が「押さえ」として本校を受験したのに、不合格になるというケースがしばしば起こることでも分かる。受験生によっては早慶付属高校に複数、またはすべてに合格した生徒が明明だけ不合格、という事態が起こるのである。

明大系の中で唯一の男子校、明大中野

次いで、明治大学付属中野高校（明大中野。通称「明中《めいなか》」）。明治大学の系属校であり、明大系の中では唯一の男子校である。明明との大きな違いは、明治大学への内部進学率である。明明の場合は希望者全員が希望学部に進学できるのに対して、明大中野はそもそも内部進学が八〇パーセント程度となっており、あくまでも成績等が加味された中で割り振りが決定されていく。

高校入試においては数十名程度のスポーツ推薦枠があり、文武両道の雰囲気が感じられ

る校風である。入試問題は、明明と異なり英語偏重ではないが、各科目において質の高い問題が用意されている。得意科目が一つあると合格可能性が高まる印象である。

明大中野八王子は標準的な出題

最後に、明治大学付属中野八王子高校（明大中野八王子。通称「明八」）。明明が共学化するまでは、明治大学系列では唯一の共学校だった。明大中野と同様に系属校であるため、明治大学への内部進学枠は八〇パーセントを超えていて、その要件も同様である。そして明治大学系の付属校の例に漏れず、校則が厳しい。

入試では、各科目とも標準的な問題が並んでいるが、その分ミスはできないので、バランス型の受験生が合格しやすいと言えるだろう。

高校入試を実施するのは青山学院高等部だけ

青山学院大学の付属高校を見ていこう。付属のうち、高校入試を実施しているのは青山学院高等部（青山学院。通称「青学」）のみである。

東京都渋谷区の青山学院大学の青山キャンパス内にある共学校だが、慶應義塾高校と異なり、大学のキャンパス内に溶け込んでいるのではなく、建物も独立している。入試難易度は中学入試も高校入試も女子のほうが高い。

在校生に印象を聞くと「もっと自由かと思ったが、そうでもない。むしろ結構厳しい」という。青山学院大学は華やかで洗練されたイメージであるが、高校入学組はそのイメージに必ずしも当てはまらないようだ。

入学試験は英語の難易度がやや高く、数学や国語はクセが強い問題である。しっかりと過去問を用いて対策を講じるべきであろう。

立教の高校入試は男子限定

次いで、立教大学である。高校入試における立教大学の付属校はともに男子校で二校ある。大学付属の中で、唯一女子に対して高校入試の門戸を開いていないのが立教大学である。そもそも、中学受験の立教女学院は系属校であり、香蘭女学校は関係校という位置づけなのであるが。

立教池袋高校は、毎年一五名程度のみを募集する小規模入試なので簡単に触れておくと、入学試験は英語と面接だけで、年度によってはほとんどの受験生が合格することがある。

もうひとつが立教新座高校（立教新座。通称「新座」）である。立教新座中学校も他の高校へ進学する生徒が一定数存在するが、大学受験でも同様で、立教新座高では高校二年次からは他大学への進学クラスが設置される。この事情も含めて、立教大学への進学率は八〇パーセント程度である。また、その進学要件も単純に学業の成績のみならず、生活態度や卒業論文研究の内容なども加味される。経験上、高校入試から立教新座へと進学した教え子は、早慶付属高校に残念ながら合格できなかった学力層であったことが多い。しかし、進学後は明確な目的意識を持って新しい挑戦に取り組んでいるという生徒が多く、その意味でも様々な角度で生徒の力を伸ばそうとする高校というイメージがある。

入学試験は各科目とも、制限時間内での速い処理能力が問われる。また、近年入学手続き率が高いのか、かつては二〇〇名程度の繰り上げ合格者を出していたが、最近は四〇名程度となっている。

中大附属は自由な校風

中央大学はすこし複雑だ。中央大学の付属高校で高校入試を実施する高校は四つある。

東京都小金井市にある中央大学附属高校、東京都杉並区にある中央大学杉並高校、東京都文京区にある昼間定時制である中央大学高校、そして二〇一〇年に新たに中央大学の付属校となった中央大学附属横浜高校である。各校を見ていこう。

まず、中央大学附属高校（中大附属。通称「中附」）。一九〇九年に開学し、その後、先述のように小金井市にキャンパスを構えて今に至る。

かつてはバンカラと評され、反権力的な意味での自由な男子校であったが、二〇〇一年の男女共学化の後は「自由な校風の大学付属高校」のイメージであり、これは後述の中央大学杉並高校と大きく異なる。先述したが、二〇一〇年に付属中学を設置し、中高大一貫教育が可能となった。これは早慶MARCH付属高校の中では最も遅かった。

中央大学へは九五パーセント程度の進学枠があり、また進学権利を持ったまま他大学の受験も可能であるが、そのための条件もある（国公立大学については無条件、私立大学については中央大学にはない学部のみ受験可能）。その結果、中央大学の「直系」の付属高校でありながら、中央大学杉並や中央大学高校よりも内部進学率は低くなっている。この点も生徒に自主性を求める校風の影響があるのかもしれない。

中大附属は中大杉並と入試日も同じであり、どちらを受験しようかと考えている保護者からの相談もしばしば受けるが、私個人としては成績バランスとともにその生徒の性格を踏まえてアドバイスをする。中大附属に向いている生徒は英数国の成績バランスが良く、自分の好きなことを突きつめられるタイプである。成績面については、中附の入試問題は標準的な問題を取りこぼさずに正解できるかが問われる入試であることから、科目バランスがあまりにも悪いと合格にはたどり着きにくい。一方、性格面では先述の通り、自由な校風の中で伸び伸びと自分のやりたいことに向き合えるタイプの子どもであれば、楽しく三年間を過ごすことができるだろう。

面倒見がいい中大杉並

次いで、中央大学杉並高校（中大杉並。通称「中杉」）。

先述のように、中大附属の小金井移転に伴い残された校地、校舎を継承し、男女共学の付属校として開学した。中大附属が「自由」な高校であるとするならば、中大杉並は「規律」を重んじている高校という色分けが可能だろう。ただし、決して生徒を規則で縛るということではなく、大人がきめ細かく面倒を見る、という理念に基づくものではないかと思われる。中央大学への進学率は約九〇パーセントと高い。中附が他大学への進学に協力的であることに対して、中杉は高大一貫教育をより色濃く打ち出している印象である。入試問題でも中附との違いは際立つ。最近はかなり標準化されたように思えるが、それでも各科目の問題の難度は高い。かつては中大附属と中大杉並では合格者最低点が、三〇〇点満点で一〇〇点近く違ったこともあった。したがって、特定の科目が得意なタイプが生きる入試である。一方、性格面は「高校生活は自由であるべきだ」という考えよりも、ある程度の規則の中で周囲との協調によって何かを作っていくことが得意である子が向いていると思われる。その意味では、中附、中杉で異なる色合いを持った内部進学者を確保できることは中央大学にとっては有益なのであろう。

中央大高校は独特な雰囲気

次に、中央大学高校（中央大学。通称「中大」）。

前身の中央大学商業学校は、中央大学最初の付属校である。その後、商業科のみの夜間定時制高校に移行し、一九九三年に現在の昼間定時制高校（午前九時台に登校）となり、現在に至っている。東京都文京区の中央大学後楽園キャンパスの中に校舎がある。夜間定時制の名残なのか、校庭がないので、一般的な高校の雰囲気とは大きく異なる（そもそも昼間定時制は実質的に全日制の高校とほぼ同じであるが、移行しないのは校庭を確保できないのが一因と言われている）。

その雰囲気を好む受験生がいる半面、敬遠されることもあるので、受験を検討される場合はまず学校訪問を行うことをお勧めする。中央大学への進学者は毎年九〇パーセント程度である。中大附属と同様に、中央大学への進学権利を持ったまま他大学への受験も可能だ。入試では各科目とも、やや難問を出題してくるが、結果として英数国のバランスが良い生徒が合格しているように思われる。

躍進する中大横浜

最後に、中央大学附属横浜高校（中大横浜。通称「中横」）。

すでに第一章冒頭で紹介したように、前身は横浜山手女子高校であり、この学校は歴史を辿れば日本初の女子の夜学校であった横浜女子商業補習学校となる。中大高校の前身が商業学校であることとは無関係であろうが、何かの縁は感じる。誤解を恐れずに言えば、横浜山手はあまり目立たない女子校だった。それが、前述の経緯を経て、学校名が現在の「中央大学附属横浜中学・高校」となった。

近年、中学入試では毎年受験偏差値が急上昇し、かつては一〇ポイント以上の差があった中大附属とほぼ変わらなくなっている。また、中央大学への進学枠も他の学校に比べて低く設定されていたが、二〇一八年以降は八五パーセントまでになっている。

なお、高校入試は中学校の内申点を基に基準をクリアしていれば、書類のみで合否の判断をする「書類審査」が中心だ。募集人員は、入学試験を経て合否を決める方式よりも多くなっていて、実際の入試規模は書類審査の方が大きい。その意味では、その他の難関私立高校や県立高校の「押さえ」として位置づけられる付属校である。入試問題はいわゆるバランス型である。

内申点も重要な法政大学高校

法政大学の付属高校は三つある。

東京都三鷹市の法政大学高校、神奈川県川崎市の法政大学第二高校、そして横浜市にある法政国際高校である。すべて共学校だ。ひとつずつ見ていこう。

まずは、法政大学高校。

大学所在地の東京都千代田区に法政中学校（旧制）として発足したが、戦後、吉祥寺市に移転し、法政大学第一中学・高校と改称した。この時期から長く男子校であったが、その後、二〇〇七年に現在地に移転し、同時に男女共学化、そして現在の校名に改称した。なお、一九七一年以降は服装が自由だったが、この共学化を機に指定の制服着用が義務付けられた。かつては法政大学直系らしいバンカラな雰囲気が特徴だったが、現在は共学化の影響か、とても真面目な子が多く通学している印象である。

これは入試制度とも関連があると思われる。一般入試は英数国の三科目に加えて、学校の内申点によって最大五〇点の加点措置がある。つまり、テストが始まる前にすでに差がついた状態なのだ。このように推薦合格者も含めて中学校の内申点が高く、真面目な生徒が集まりやすい入試制度だ。

法政大学への推薦権利を持ちつつ、他大学の受験が可能である。毎年の内部進学率は八五パーセント程度。これは後述の二校についても同様である。なお、一般入試は英語が一五〇点満点で他科目に比べて五〇点上乗せされており、なおかつ難度が高い。学校からのメッセージが明確な学校と言えよう。

生まれ変わった法政第二

次いで、法政大学第二高校（法政第二。通称「法二」）。

一九三九年に神奈川県川崎市の武蔵小杉に開学し、一九六〇年には夏の甲子園（全国高校選手権大会）で優勝するなど、まさに文武両道を体現する男子校だったが、二〇一六年に共学校になった。この共学化は、校舎や学校施設の更新と共に学校改革の目玉として行われた。共学化前の法二は、中学入試も高校入試も入試難易度がジリジリと落ちていた。しかし、二〇一六年以降は好転し、現在では女子生徒も生き生きと活躍する魅力溢れる大学付属高校に生まれ変わった。

校舎の新設時には、シンボルだった時計塔も新しいものが建設された。また、大学付属高としては珍しく、入学前に課題（春休みの宿題）が出される。入試では非常にオーソドックスな出題が多く、しっかりと合否ラインを決められる問題と言える。つまり、ある一定レベル以上でないと解けない問題となっているのだ。

法政国際の入試は英語に注力を

最後に、法政大学国際高校（法政国際）。

戦後、法政大学の付属校となり、唯一の女子校として長く存在してきた法政大学女子高校（法政女子。通称「法女」）を前身とする学校である。神奈川県横浜市に校舎を構えることの学校は、二〇一八年に法政大学国際高校と改称し、共学化した。法政大学は他の付属校も英語重視や国際化を前面に押し出しているが、法政国際は学校名に「国際」を使い、さらに国際バカロレアコースを設置した。また本校の共学化により、法政大学の付属校はすべて男女共学校となった。入試問題は法政国際への改称発表後、英語の難度が上がったことが特徴であろう。

受験戦略の基本常識2　「落ちる」こともある推薦入試

高校入試を経て入学が可能な、早慶ＭＡＲＣＨ付属高校の特徴を説明してきた。ここからは、高校入試ではどのように受験パターンを組んでいくべきなのかを解説していこう。

特定の学校に強い憧れを抱いているのなら、推薦入試を利用することを検討すべきである（**図表5参照**）。早慶付属高校の場合、慶應義塾湘南藤沢を除くすべての学校で推薦入試を実施している。だが、ほとんどが「学業以外の実績（スポーツや文化活動）」が必要か「帰国生向け」である。この二要素を除くと、「普通の中学三年生」が出願できるのは実質的に二校だけになる。

(図表5)
早慶付属の推薦入試

学校名	推薦方式	出願基準 内申点	その他の基準
慶應志木	自己推薦	38/45	中学生として充実した諸活動を行い、それを入学志願書によって示すことのできる者
慶應義塾	(実質的にスポーツ推薦)	38/45	運動・文化芸術活動などにおいて、顕著な活動がある
慶應女子		42/45	理社は内申点5が必須。 内申点2の評定は不可
早大本庄	自己推薦	40/45	α選抜: 文化芸術スポーツなどで都道府県大会以上に出場
		—	I選抜: 帰国生の第一志望推薦
早稲田実業	スポーツ・文化芸術推薦	平均評定3.5	スポーツでは都道府県大会においてベスト8以上
早大学院	自己推薦	40/45	特になし

※内申点の母数45は評点5×9科目で計算
※早大本庄α選抜は中学2年次内申点38/45も出願条件
※早稲田実業は指定のスポーツ、芸術分野があるため、確認必須
※各校の条件はホームページで確認できる
※各校ホームページより著者作成

早大学院と慶應女子の二校が、「普通の中学三年生」が入学できる推薦入試制度である。ただ、一般入試ほどではないが、やはり推薦入試の中ではそれぞれ最難関といえるだろう。そもそも、一般的なイメージの私立推薦と大きく異なるのは、出願すればほぼ間違いなく合格するというわけではないという点だ。入試倍率は早大学院が三〜四倍、慶應女子が四〜五倍である。

自己推薦入試の書類作成と面接練習を担当したことが幾度となくあるが、ほとんどの受験生がまさに歯を食いしばりながら対策を練っていた。そんなふうに試験対策を行い、内容を磨いていかなければならない。その意味では非常に厳しい試験であると言えるだろう。

慶應女子の場合、推薦制度導入当初は各中学一人ずつしか受験できなかった（現在は撤廃）。また、理科・社会の評定で5が必要であることも大きな特徴である。一般受験では英数国三科目を課しており、理社はない。

入試科目は適性検査と、いま述べた面接である。普通、推薦入試は学力検査で合格できない生徒が合格する場合が多い（早大学院ですらその傾向は否めない）が、慶應女子に関してはこれが当てはまらず、やはり非常にハイレベルな競争が行われている。

MARCH付属の推薦入試はどうなのか。こちらは少し毛色が異なる。早慶付属同様、推薦入試といえども高倍率の学校が多い。法政第二や法政国際は「書類選考」という形式で実質的な「単願推薦」を、中大横浜も「書類選考」という形で実質的な「併願推薦」の入試を行っている。

その他の学校も、明大明治や明大中野八王子、法政大学高校など、推薦入試の不合格者に対して繰り上げ合格時の優遇や加点など、「熱望組」に応える仕組みを設けているところがある。早い段階で合格者を囲い込むのは、これからも進んでいく少子化への大学側の対応策だと言えよう。

第二章　中学受験の「トク」「ラク」「リスク」

中学受験で「学びの土台」を築く

ここからは、「トク」「ラク」「リスク」の三つのキーワードで、わが子を「名門大学」へ進学させるための対策を現場に即して解説していこう。

意外に有利な、つまり「トク」な学校選びと、子どもを悪戦苦闘から解放してくれるかもしれない「ラク」なルートを紹介したい。そして、保護者が忘れてはいけない重要な点なのだが、それらの裏にある「リスク」について述べていく。まずは、中学受験のケースから始めよう。

わが子に中学受験の道を選択させることは、高校受験に比べれば断然「トク」なのだろうか。早期のうちから高額の費用を支払って通塾するのだから、きっとそうであるに違いない。そうお考えになる保護者もいるだろう。

結論から申し上げると、単純にそうだとは言い切れない。あくまで全般的には高校受験に比べて中学受験のほうが「トク」をして、そしてある面では「ラク」ができることが多い。それは確かだ。しかしながら、一方で中学受験の経験がわが子に傷を残したり、学校の選択を見誤ることでわが子に大きな後悔をさせてしまったりという「リスク」もまた存在する。

中学受験で得られる最も大きな財産は、受験勉強を通じて学ぶことの土台を築ける点である。こんなことを言うと、「大学受験に有利だからではないのか?」「中高一貫ならではの練られた教育を受けられるからではないのか?」という突っ込みが入るだろう。確かに条件付きではあるが、そういう側面もある。ただ、中学受験の現場で長年指導をしている身からすると、それらは「些細」なことに感じられるくらいだ。

それでは「学ぶことの土台」とは何だろうか。実例を挙げて説明していきたい。私(矢野)の塾に通った一人の女の子の話である。

彼女は小学校四年生のときに私の経営する塾で学び始めた。塾に通い始めてすぐに彼女は高い壁にぶつかってしまう。とにかく「算数」に強烈な苦手意識を示してしまったのである。そして、その意識は小学校五年生になってもなかなか解消できずにいた。

算数以外の三教科(国語・理科・社会)はどれも平均以上の成績を収めていたので、彼女は学力別三クラス体制の中で、一番手のクラスと二番手のクラスの行ったり来たりを繰り返していた(私の塾はおよそ二カ月に一度のペースで、カリキュラムテスト結果に基づいた「クラス分け」が行われる)。

小学校五年生の秋のこと。再び一番手クラスに上がったばかりの彼女の母親からこんな連絡があった。

「先生、お願いですから娘のクラスを一つ下げてもらえませんか。算数がさっぱり分からずに、毎晩のように泣きながら机に向かっているのを見るのは、母として見るに耐えられません」

聞けば、彼女から「クラスダウン」の希望を口にしたわけではないという。とにかく自分が「できない」のが悔しくてたまらないとのこと。そのとき、私は塾の自習室の活用や担当講師に積極的に質問を持ちかけることを提案した。彼女の心はまだ折れていない。そう判断したからだ。

そして、小学校六年生。受験学年になった彼女は相変わらず算数を不得手にしていた。ただ、前年と比較してガラリと変わったのは、分からないことをその日のうちに解消すべく、担当講師を「活用」し始めたことだ。

「先生、さっき説明してくれたこの問題の解き方をもう一度教えてください」

塾に来るたびにそんなふうに質問する彼女の姿が目に入った。

いつの間にか彼女は「質問魔」になっていた。算数だけではなく、他科目も同様だった。

彼女によると、分からない問題を分からないまま放置しておくのは実に気持ち悪いことだという。普段は国語を指導している私にも、テキストとノートを広げながら質問をどんどん繰り出した。

第一志望を変更すると……

彼女の凄いところは、妥協することをよしとしないその姿勢である。私が求められた解説をしてみせても、彼女がその解説内容に納得しなければ、次に進まない。「先生、それだとまだ分かりません。もう一度説明してもらえませんか」

何度も食い下がる彼女のその態度に、私は塾講師として襟を正される思いを度々抱いたものだ。

彼女の成績はゆるやかではあるが伸びてきていた。算数の苦手意識も薄れつつあった。

当初の彼女の第一志望校は、豊島区にある豊島岡女子学園であった。合格基準偏差値は七〇。校舎の雰囲気がとにかく気に入ったという。しかしながら、彼女の模擬試験の結果からすると合格可能性は著しく低い。

保護者や本人と相談した結果、第一志望校を武蔵野市にある吉祥女子に変更した。彼女はここの部活動を見学し、ぜひ自分もその一員になりたいという夢を持った。この学校の偏差値は六一で、彼女にとってはそれでもやや「挑戦校」的な位置づけの学校であった。

入試出願のタイミングで、彼女はこんなことを私に話してきた。もし二月一日の吉祥女子に合格をしていたら（当日夜に合格発表がある）、ご褒美に憧れていた豊島岡女子学園を受験したい、と。

そして、彼女は無事第一志望校の吉祥女子に合格。翌日は豊島岡女子学園にチャレンジすることになったのだ。

豊島岡女子学園は二月二日、三日、四日と計三回の入試を設けている。回が進めば進むほど、難度は上がるし、入試実質倍率も高くなる傾向にある。

彼女は二月二日の入試で不合格になった。合格発表は入試当日の一九時。残念な知らせにもめげることなく、彼女は塾で相変わらずの「質問魔」で、その日に持ち帰ってきた入試問題を解き直していた。

二月三日の入試も不合格。夜遅くまで塾に居残り、入試問題をやり直して、疑問点はその場で片付けるという姿勢は前日までと全く変わらない。

そして、二月四日。豊島岡女子学園の第三回入試。私は入試当日の朝、豊島岡女子学園の前で「入試応援」のために待機していた。しばらくするとニコニコと手を振りながら、彼女と母親がやってきた。彼女はこう言った。

「今日で三回目だし、入試問題を何度も見直したし、今日は上手くいく気がする」

そして、その日の合格発表で見事彼女は栄冠をつかんだのだ。その日の入試の実質倍率は八・三八倍であった。

翌日、彼女から連絡があった。第一志望校にしていた吉祥女子と、手が届かないと一度はあきらめた豊島岡女子学園両方の合格切符を手にしたのだから、彼女は一晩悩みに悩んで自分でどちらを選ぶか決めたいと言った。その晩、彼女は吉祥女子の良いところ、豊島岡女子学園の良いところをノートにびっしりと書き出して、進学判断の材料にしたらしい。

「勉強が好き」と言えるか?

翌日、彼女は結論を私に直接伝えにやってきた。

「私、豊島岡に進学します」

「おめでとう。豊島岡はかなりレベルが高いし、理系科目を得意にしている子が大勢いるよ。大丈夫かい」。そう尋ねた私に彼女は微笑んだ。そして、こう言い切ったのだ。

「大丈夫！　だって私、勉強好きだもん」

そう、彼女が中学受験勉強を通じて得たものは、「勉強が好き」と公言できるまでになった、その学習姿勢なのだ。

「教育」とは「教え育てる」ことではないと私は考える。この二字熟語は自動詞で解釈すべきなのだ。すなわち、「自ら教わり、自ら育つ」姿勢へと私たち周囲の大人たちが働きかけ、導いていくこと。これが大切なのである。

保護者が無理に子どもを塾に「通わせて」も、成績は一向に伸びない。理由は簡単だ。受け身の姿勢では、学ぶための「器」など何も用意されないからだ。学ぶことが好きになり、自ら問題に積極的に取り組んでいこう、分からないことはどんどん質問しようという姿勢を培った子は、知識を吸収するその「器」をどんどん広げていけるのである。

この姿勢は中学受験だけではない。中学校に入学したあとも、絶大な「武器」になることは間違いない。その証拠に、先ほど挙げた彼女は豊島岡女子学園に「ギリギリ」合格したわけだが、いまは成績的にも学内で優秀な位置にいる。

これは決して特殊な例ではない。中学受験指導をしていると、こういう姿勢を身につけて、学力的にも精神的にもぐんと伸長する子が何人もいるのである。中学受験の何が「トク」か？　そう問われれば、私は迷わずこの姿勢面の育成を第一に挙げたい。

中学受験勉強が大学受験を有利にする

中学入試と高校入試の双方を行っている学校の教員から、共通してこんな話を耳にする。それは、高校一年生のときの学力分布をみると、中学入学組は上位層か下位層に二分される。そして、その中間層に高校入学組が入ってくるということだ。さらに、学校の教員の多くは、高校二年生、高校三年生と学年が上がるに従って、下位にいた中学入学組の約半数が高校入学組の占めていた中間層の約半数と入れ替わる現象が起こると分析している（図表6）。

（図表6）
中学入学組と高校入学組の学力分布イメージ

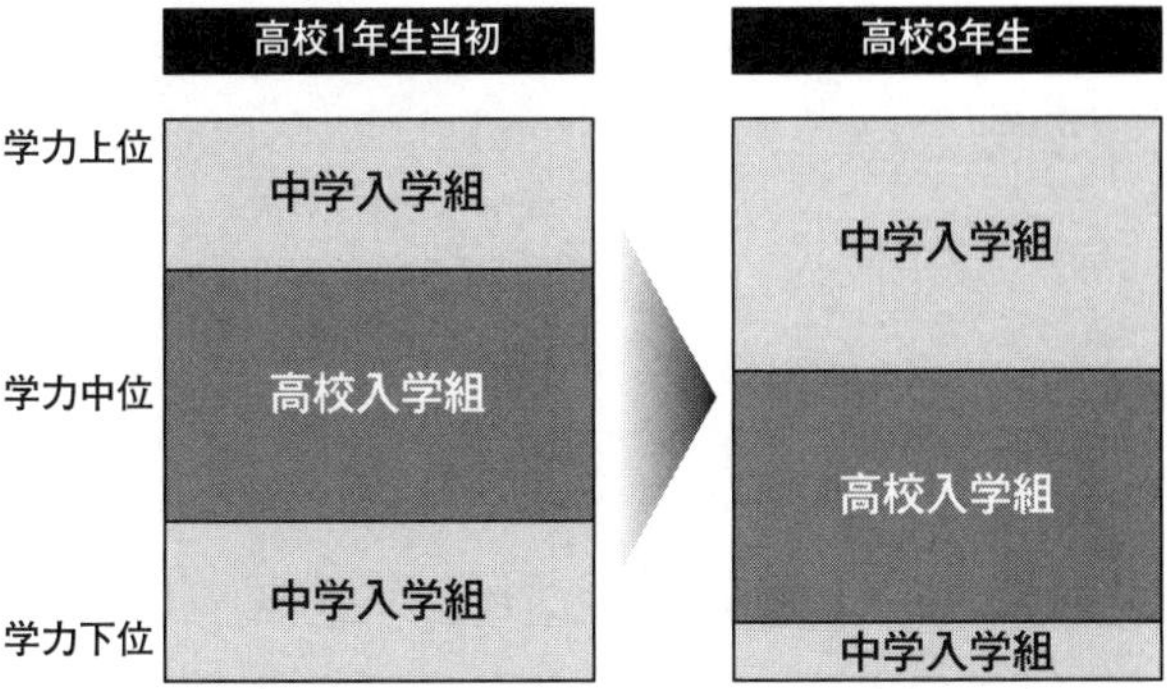

※著者作成

これは一体どうしてだろうか。

二〇二一年度から高校募集を停止し、完全中高一貫校化を図ろうとしている男子校の本郷高校の教員と談笑していたとき、こんな興味深い話が聞けたのだ。

「高校一年生をみていると、高校入学組と中学入学組は学力的には競っているのですが、高校二年生、三年生と大学入試が近づくにつれ、中学入学組が高校入学組を一気に突き放していくのです。どうしてだと思いますか?」

そして、こんな確言を得たのである。

「それは、中学入学組が受験勉強のときに理科・社会の学習に打ち込んだことがアドバンテージになるからです。私立の高校入試用の受験勉強をしてきた子たちは、英語・数学・国語の三科にしか打ち込んでいない。この違いはかなり大きいですよ」

大学入試センター試験(二〇二〇年度からは大学入学共通テスト)で国公立大学を狙うには、英語・数学・国語以外に、理科・社会から特定分野(たとえば、物理、日本史など)を複数選ばなければならない。それを考えると、中学受験で理科・社会に取り組んだ経験を持つ子は「トク」するというのだ。

確かに中学受験指導に携わっていると、中学入試の理科・社会は小学生たちに幅広い分野の学習と、細かな知識を求めていることがひしひしと感じられる。幅広い分野と申し上げたが、理科は「物理」「化学」「地学」「生物」、社会は「地理」「歴史（日本史中心）」「公民」すべてを範囲にした入試問題が課されるのである。

これが、小学生が取り組んでいる入試問題

たとえば、二〇一九年度・頌栄女子学院中学校（第二回入試）の理科の問題の一部を紹介しよう。

【大問一　問五より抜粋】

問　関西国際空港では過去最大規模の高潮にも耐えられるように護岸工事をしていましたが、台風二一号の高潮は最高記録を更新してしまいました。その高潮に台風の風による高波が加わったため、海水が護岸を越えて滑走路が浸水してしまったのです。高潮や高波の高さを計算だけで予測するのは、地形や海流の影響まで考えると非常に難しいのですが、次のように単純化すれば海面が何㎝上昇するか計算することはできます。次の三つの条件を満たすA地点での海面上昇について答えなさい。

〔条件1〕潮汐（潮の満ち干）による海面上昇は『大潮』のときの『満潮』時に最も大きくなる。このときA地点では海面の平均の高さより、90㎝上昇する。

〔条件2〕台風が接近して気圧が低くなると海面が持ち上がる『吸い上げ効果』により海面が上昇する。A地点では気圧が1hPa低くなると海面は1㎝上昇する。

〔条件3〕台風に伴う風が沖から海岸に向かって吹くと海水は海岸に吹き寄せられ『吹き寄せ効果』と呼ばれる海岸付近の海面上昇が起こる。『吹き寄せ効果』による海面上昇は風速の2乗に比例し、たとえば、風速が2倍になると海面上昇は4倍となる。沖からA地点に向かって秒速15ｍの強風が吹くとA地点では10㎝の海面上昇が起こる。

(1) A地点で、台風が接近する前は1013hPaだったのが、台風が接近して945hPaに気圧が下がったとすると、『吸い上げ効果』による海面上昇は何㎝ですか。
(2) A地点に向かって沖から秒速30ｍの風が吹いたとすると、『吹き寄せ効果』による海面上昇は何㎝ですか。
(3) A地点で、台風の接近により気圧が1013hPaから933hPaに下がり、A地点に向かって沖から秒速45ｍの風が吹き、『大潮』の『満潮』の時刻と台風接近がちょうど重なったとすると、海面上昇は何cmとなりますか。

はじめて中学入試問題を見るという保護者は、驚かれるのではないだろうか。このレベルの問題に小学校六年生たちは中学入試本番で取り組み、正解を導いていかなければならないのだ。なお、頌栄女子学院で問題作成を担当した教員によると、「入試本番では問題文を丁寧に読んで解答できていた受験生が多く、この問題の正答率は比較的高い」とのこと。

こういう類の問題に対応しようと、中学受験生たちは日々鍛錬を積んでいるのである。この学習経験が大学受験で大きなアドバンテージになるという弁が、必ずしも大袈裟ではないことが理解できるのではないだろうか。

中学入試は男子より女子が「トク」か?

一般財団法人東京私立中学高等学校協会のホームページ「東京私学ドットコム」によると、東京には一八二校の私立中学校があるという(二〇一七年調査)。この中で、男子校、女子校、共学校はそれぞれ何校あるのだろう。全体に占める割合とともにその内訳を明かすと、男子校は三一校(一七パーセント)、女子校は七一校(三九パーセント)、共学校は八

MARCH計	法政大	中央大	立教大	青山学院大	明治大	私立4校計	東京理科大	上智大
99	4	42	2	11	40	317	71	28
191	26	26	35	24	80	338	60	64
113	14	18	31	18	32	211	33	49
301	35	49	67	29	121	403	86	61
132	18	18	25	30	41	147	32	34
292	57	56	61	25	93	222	73	36
371	38	51	95	51	136	214	39	40
317	35	34	79	58	111	309	38	62
122	11	22	37	32	20	105	12	25

○校（四四パーセント）となる。

そうなのだ。学校の数だけを見れば、男子よりも女子のほうが中学入試の選択肢が幅広く用意されている。第一章の豊島岡女子学園の高校募集停止のところでも言及したが、高校入試を実施している私立女子進学校が激減していることを考えると、中学入試の世界はそれとは対照的である。

たとえば、二月一日・二日に中学入試（午前入試）が実施されている偏差値五五以上の都内の女子進学校を挙げると、次の九校がリストアップされる（系列大学はあるが、進学校色の強いところはこれに含むこととする）。

（図表7）
都内難関女子9校　難関大学合格実績（2019年度）

学校名	卒業生数	東京大	一橋大	東京工業大	国立3校計	早稲田大	慶應義塾大
桜蔭	227	66	2	4	72	142	76
女子学院	224	27	13	4	44	138	76
雙葉	180	8	1	1	10	71	58
豊島岡女子学園	344	29	10	11	50	147	109
白百合学園	191	6	2	1	9	38	43
吉祥女子	251	0	4	1	5	71	42
鷗友学園女子	237	3	10	5	18	81	54
頌栄女子学院	228	1	3	0	4	134	75
東洋英和女学院	189	2	1	0	3	33	35

※合格者数には過年度生を含む
※『四谷大塚　中学入学案内2020』より

桜蔭・女子学院・雙葉・豊島岡女子学園・白百合学園・吉祥女子・鷗友学園女子・頌栄女子学院・東洋英和女学院である。当然どの学校も国公立大学、早慶MARCH以上の名門大学に多数の合格者を輩出している女子進学校である（**図表7**）。

この九校の中で現在高校入試を行っている学校はたったの一校、豊島岡女子学園だけなのだ。しかも、その豊島岡女子学園も先述したように二〇二二年度から高校募集を停止するということは、女子の優秀層にとっては大変衝撃的なニュースなのだ。

続いて、今度は偏差値五〇〜四五の

上智大	東京理科大	私立4校計	明治大	青山学院大	立教大	中央大	法政大	MARCH計
27	17	99	62	17	52	21	54	206
33	28	113	46	20	54	27	46	193
19	14	76	14	10	26	16	18	84
20	22	75	41	33	34	22	22	152
4	7	31	18	10	11	7	10	56
10	16	45	31	15	20	18	22	106
25	27	85	45	24	55	28	48	200
23	4	79	26	24	31	20	19	120
4	9	29	32	21	23	13	20	109
16	2	35	17	28	24	14	14	97

レンジに位置する都内女子進学校を見ていこう。先ほどと同様に、二月一日と二日に午前入試を行っている都内の女子進学校を取り上げてみたい。

大妻・共立女子・晃華学園・田園調布学園・普連土学園・品川女子学院・富士見・東京女学館・山脇学園・恵泉女学園の一〇校だ（**図表8**）。

各校の大学合格実績を見ると、国公立大学や早慶は先ほど取り上げた難関の女子進学校九校と比較すると数は少なくなるものの、ＭＡＲＣＨレベルには多くの卒業生を送り出していることが分かるだろう。

偏差値五〇前後の学校で、この「出

（図表8）
都内中堅女子10校　難関大学合格実績（2019年度）

学校名	卒業生数	東京大	一橋大	東京工業大	国立3校計	早稲田大	慶應義塾大
大妻	267	0	1	2	3	35	20
共立女子	321	0	0	0	0	36	16
晃華学園	145	1	1	0	2	26	17
田園調布学園	209	1	0	1	2	17	16
普連土学園	127	0	1	0	1	7	13
品川女子学院	222	0	0	0	0	9	10
富士見	230	0	4	0	4	24	9
東京女学館	222	3	1	0	4	19	33
山脇学園	238	0	0	1	1	10	6
恵泉女学園	180	0	1	0	1	8	9

※合格者数には過年度生を含む
※『四谷大塚　中学入学案内2020』より

口」はかなり凄いとお感じの方は、第一章に記述していることを思い出してほしい。そう、中学受験の「偏差値五〇」は優秀なレベルと考えるべきなのだ。そして、中学入試で早慶ＭＡＲＣＨの付属校にはなかなか手が届きそうもないのであれば、これらの女子進学校に入学して、六年後の大学入試で勝負をかけるのも手である。

私が以前指導した子が、こういった学校に通い、大学入試で花開いたケースは本当に多いのだ。

先述のように、東京には女子中高一貫校がたくさんある。それゆえ、中には生徒募集に悪戦苦闘しているところが幾つもある。それではその類の女子校は六年後の大学進学を考えたら通う価値はないのだろうか。

そうでもない。探してみると「トク」な学校は幾つもある。

たとえば、世田谷区にある女子校の玉川聖学院は偏差値三五となっている。この学校はプロテスタント系の伝統校である。二〇一九年度は一六四名の卒業生のうち、MARCHにのべ三二名(既卒者を含む)合格している。とりわけ青山学院大学の一六名が目立つ。なぜか。それは「キリスト教同盟校推薦」で、青山学院大学に一二名の枠が確保されているからだ。玉川聖学院はほかにもこの同盟のつながりを生かして、明治学院大学と高大連携教育事業に関する基本協定書を交わし、一六名の指定校推薦特別枠を設けている。

一方、男子は女子に比べると、そもそも対象となる学校数が女子より少ないので、中学入試の選択幅が狭い。第三章で詳述するが、早慶MARCH進学を考えた場合には、男子は大学付属校の高校入試が幅広く用意されている。むしろ中学受験よりも高校受験のほうが、これらの付属校に合格しやすい側面があるのだ。

しかし、国公立大学進学を考えるのであれば、男子・女子ともに中学入試で進学校に入学し、中高六年間を過ごすほうが断然有利である。

それは一体どうしてだろうか。

本章で既に述べた「中学受験の際に四教科（算数・国語・理科・社会）の勉強、とりわけ理科・社会の学習に打ち込んだ経験が、大学入試勉強で活用できる」というのは、もちろんその理由の一つである。しかし、それだけではない。中高一貫だからこそ味わえる学びがあるからだ。

国公立大学へ――中高一貫カリキュラムの魅力

進学校に通い大学入試を目指す上では、高校入試よりも中学入試で一貫校に入り、六年間学習したほうが何かと有利に働く。

理由の一つは、高校入試に挑む受験生たちは、普通、中学校三年生の最後まで「中学範囲」の勉強に限定される。高校入試の出題範囲がそこまでなので、当たり前の話である。ということは、彼ら彼女たちは高校入学後に「高校範囲」の学習をスタートさせるわけだ。

それに対して、進学校である中高一貫校の大半は、先取り学習を行っている。それを要領よくかつ円滑にこなすために、いまでは練りに練られた綿密な学習計画を「シラバス」などで形にしている。大学進学に力を入れている中高一貫校の大多数は、高校二年生のうちに大学入試で必要な範囲は授業ですべて網羅して、受験学年である高校三年生の一年間は大学種別（国公立大学、あるいは私立大学）に、文系理系別に編成されたクラスで入試に向けた演習授業が組み込まれている。

そのほか、進学校の学習システムを見ていると、それぞれの学校で大学進学に向けた独自の取り組み、工夫が凝らされている。夏期合宿で集中特訓授業を行ったり、土曜日に科目別レベル別の選択講座を設けたり、予備校講師を招いたり、個別指導塾のノウハウを導入していたりとその試みは実に様々だ。

世田谷区にある共学進学校の、「東京都市大学等々力」の取り組みの一部を紹介しよう（東京都市大学系列の学校ではあるが、系列大学への進学者は少ない）。

同校の学習方針は大きく二つに分けることができる。一つは「学校完結型」の学習システムを構築していること。もう一つは「生徒たちの自学自習を徹底させる」ツールとその空間を用意していることだ。たとえば、月曜日から金曜日までは毎朝一五分のテストを実施し、すぐに学内にある「アナライズセンター」でそれを採点・分析・管理し、その結果はその日の放課後までに生徒たちに伝えられる。芳しくない得点結果だった生徒には、同一単元の補習やその範囲の再テストを行っている。

また、全学年の生徒に配布される「TQ（Time Quest）ノート」で、部活や勉強時間などのタイムスケジュールを生徒たち自身に書き込ませていき、それを担任が随時チェックする態勢を敷いているという。これにより、生徒たちは自らタイムマネジメントの能力を育むことができ、教員側も生徒たち一人ひとりの学習状況を把握することができるというわけだ。まさに「塾・予備校要らず」の大学進学サポートを学内で行っているのである。

同校はもともと「東横学園」という女子校であり、二〇〇〇年代当初は存亡の危機に瀕していた。転機が訪れたのは二〇〇九年のことだ。

系列の「武蔵工業大学」が「東京都市大学」に校名変更するタイミングで、同校も現校名に変更。それだけでなく、共学化するとともに、中高一貫の教育内容にも抜本的な改革を講じたのである。卒業生たちの進路はこの一〇年ばかりで激変した。二〇一〇年度の東横学園時代、卒業生五八名に対し、国公立大学に現役合格二名、早慶MARCHは現役合格四名という結果だった。それが、二〇一九年度には、卒業生二〇八名に対し、東京大学二名合格をはじめ、国公立大学には四九名、早慶MARCHには二七七名の現役合格者を輩出するまでになったのだ。

学校側が生徒たち一人ひとりの中高六年間の学びに寄り添い、彼ら彼女らが希望する進路実現に向けてドラスティックな試みを実践することが、いかに効果を発揮するかという好個の例であろう。

高校・大学入試がない「自由」という「ラク」と「リスク」

高校入試に阻まれることなく、先取り学習をはじめ、大学入試を見据えて戦略的に組まれたカリキュラムで中高六年間学べる進学校は、このように大変魅力のあるものだ。それだけではない。早期のうちに「やりたい」ことが定まっている子にとって、中高一貫校は継続的に何かに一意専心しやすい環境である。

たとえば、幼少期より絵画に取り組み、その実力を発揮している小学生の女の子がいるとしよう。当人も保護者も将来は美術の道へ進みたいと考えている。このような具体的、かつリアリティーのある将来像を思い描くことのできる子には、中学入試の道を私は声を大にして勧めたい。この女の子であれば、美術に力を入れている中高一貫校を当然目指したいところだ。その代表的な中高を何校か紹介しよう。

まず筆頭に挙がるのは、杉並区にある女子校の女子美術大学付属だろう。その名の通り、美術教育を中心としたカリキュラムを編成している（他科目の授業であっても、美術と関連した横断的な内容を取り入れるなど徹底している)。進学実績に目を向けても、大半の卒業生たちが系列の女子美術大学をはじめ、美術と関連する分野へ進んでいる。

そのほかにも、かつて芸術コースが設置されていた名残で、いまでも芸術分野の選択講座が充実している武蔵野市の吉祥女子。女子進学校を代表する難関校ではあるが、美術系の大学に進学する子がたくさんいるのも特徴的だ。

あるいは系列校に横浜美術大学を抱える、目黒区にある女子校のトキワ松学園。この学校は、教育の三本柱のうちのひとつに「美の教育」を掲げている。校内のいたるところに美術作品が展示されていて、その道を志す子どもたちが集まっている。

さらに、これが内部進学率の高い大学付属校ならどうだろう。高校入試のみならず大学入試もないのである。中学・高校・大学の一〇年間の一貫教育を受けることで、心にゆとりをもって学ぶことができるのではないだろうか。先ほどの例で挙げたような具体的な将来像を早期のうちから描ける子にとっては、大学付属校という選択肢は「楽園」と形容しても差し支えないだろう。

一方でその「自由」を持て余してしまうと、学力不振に陥り、大学の内部進学さえできないという「リスク」がある。そうなると、高校生の途中になって慌てて他大学に向けての対策を始めなければならない。しかし悲しいかな、付属校の大半はエスカレーター式に系列大学に進むことを前提としたゆるやかな学習カリキュラムを敷いているので、一般的な大学受験生の学力レベルに追いつくのは並大抵のことではないのである。しかも、中学入学以降、日々勉学に励む習慣など「捨て去って」いるのだから、勤勉さを取り戻すのは困難であるといってよい。

中高一貫校、とりわけ大学付属校の自由であるがゆえのリスクについて言及したが、大学付属校には「進路が限定される」というリスクも存在している。どういうことか。

たとえば、ある男の子が立教池袋中学校に進学したとしよう。当初の第一志望校であり、大満足の中学入試結果であった。しかし、だ。その男の子が高校になって、ひょんなことから「将来は本気で医師を目指したい」と言い始めたらどうだろう。もうお分かりかもしれないが、系列の立教大学に「医学部」はないのだ。そうなると、その時点から医学部進学を目指しての予備校通いが必須となる。そして、その予備校で席を並べている中高一貫の進学校に通う子どもたちの大半が、「先取り学習」を行っているため、受験勉強スタート時点で既に大きな学力差が生じてしまう可能性が高いのだ。こうなっては、本人も保護者も第一志望校のはずであった付属校の進学を悔やむことになってしまう。

男女別学には「長短」がある

さて、私立中高一貫校には「男子校」「女子校」「共学校」が存在する。

そして、最近の首都圏中学入試状況を観察していると、共学校に人気が集まっている。

実際、受験生の保護者と進路についての面談をすると、こういうことをよく言われるのだ。

「世の中って男と女で成り立っているじゃないですか。そう考えると、中高生という多感な時期はやはり男女が同じ学び舎にいることが健全だと思うのです」

加えて、近年は男女別学の学校がどんどん共学化しているのだ。それでは、いまの時代に男女別学の教育はそぐわないのだろうか。

私はそう思わない。男女別学には特有の魅力がふんだんにあると感じている。

まず、男女別学の最大の魅力は、多感な中高時代に「異性」の目を気にせずに学校生活を送れることだ。学び舎には異性が存在しないわけなので、そこでは自分たちの「性別」が消滅することになる。「男だから……」「女だから……」という言葉はそこでは一切通用しない。すなわち、一人の「人間」としてそこでふるまうことが求められるのである。これにより得られるメリットは多いと私は考える。

たとえば、地学が大好きで、将来はそれに関連する道への進路を希望する小学生の男の子がいるとしよう。このような子に私が勧めるのは「男子校」である。

なぜか。「共学校」だとどうしても「女子生徒に自分がどう見られているのか」を気にすることになる。地学の学習ばかりに没頭していたら、「あの人、オタクだよね」と異性に囁かれたり、引かれたりするかもしれない。たとえ、そんなふうにならなかったとしても、勝手にその種の不安を抱き、自分が本当に取り組みたい分野の学習を自制してしまう。あくまでも仮の話ではあるが、この手の話を共学校出身者から多く耳にするのだ。

その点、男子校だと自分のやりたい道をとことん追究している人が多いように見受けられる。「オタク」は恥ずかしいことでもなんでもなく、男子校の中ではむしろ賞賛に値するような空気が流れていることが多い。これも、数多くの男子校出身者がそう証言しているのだ。

一方、女子校はどうだろうか。やはり「異性」を意識しないからこそのメリットがある。

二〇〇〇年度から二〇一一年度まで女子御三家の一角である千代田区の女子学院の院長を務めた田中弘志先生は、女子教育の持つ意味を次のようにまとめて話してくれたのだ。

拙著から引用したい。

「彼女たちにとって人生の多感な時期に女性だけで学ぶ意味は、男性の目を意識しないで伸び伸びと飾らずにありのままの自分を出せるという点がまず挙げられます。たとえば、容姿に劣等感を持っている子。男性の前だとそれに引け目を感じている子であっても、女性の中だけだと自分が身に纏ったものをすべて剝ぎ取って『良いところ』も『悪いところ』もさらけ出せる。自分の持つ『光るもの』を周囲に評価してもらえる環境があるのです」

そのような評価を受けた子は、その先大学や社会に出た際に、周囲が評価し認めてくれたその自身の内なる部分に大きな自信を持って堂々とふるまうことができるという。

（矢野耕平『女子御三家　桜蔭・女子学院・雙葉の秘密』（文春新書）「序章」より抜粋）

「男子だけ」「女子だけ」という中高六年間を送った子どもたちは、学校生活を送るうちにその結束はどんどん強くなり、濃厚な人間関係を構築していく。私はこれまで数多くの男子校出身者、女子校出身者、共学校出身者に取材を行ってきたが、大人になっても中高時代の友人たちといつまでも仲良くしているのは、「男女別学」の出身者に偏っている。この点も男女別学の魅力であり、先述した「異性の目を気にせず」自分をさらけ出して学校生活を送れるという側面と密接に関連しているのだろう。

もちろん、男女別学に馴染まないタイプの子もいる。保護者はわが子の性格やそのふるまいを多面的に観察することで、志望校選定のアドバイスをする必要があるのは言うまでもない。男子だけの世界、女子だけの世界に違和感を覚えたまま中高六年間の学校生活を送るのは、なかなかしんどいものがある。

中学受験勉強と習い事は両立できるか

さて、わが子の具体的な将来像が思い描けるのなら中学入試が良いと述べたが、ハードな中学受験勉強に日々追われるあまり、肝心の「やりたいこと」が疎かになってしまうのではないか。そうなってしまうのなら本末転倒であるとお考えの保護者もいるだろう。

しかし、習い事と中学受験が両立できるケースを私は近年たびたび目にしてきた。その一例を挙げてみよう。

六年生の初夏まで少年野球チームの主軸だった男の子は、第一志望校の早稲田中学校に合格。同様に、秋口まで少年野球チームのエースとして活躍した子は、こちらも第一志望校の明治大学中野に合格。そして、水泳競技の強化選手として週三回のハードな練習をこなしながら塾通いしていた女の子は、第一志望校の学習院女子に合格している。

何かに一意専心できた経験のある子、努力による成功体験を積んできた子は、中学受験でも強いのだと私は考える。さらに、そのような子ほど限られたスキマ時間を有効に活用できる術《すべ》を身につけていたように感じている。

そういえば、昨年指導していた女の子の母親は中学入試が終わったあと、私にこんなことを語ってくれた。

「習い事に移動する途中でファミレスに寄って宿題をしたり、電車を待つあいだにも教材を見ていたりしましたね」

その彼女の一週間のスケジュール（小学校六年生）は、月・水・金・日の四日間塾に通い、火・土はバレエ、さらに木曜日はバトントワリングを習っていた。そして、なんと中学入試本番直前の一二月に行われるバレエの公演で、主役に抜擢され活躍したのである。

中学受験で体調を崩すという「リスク」

一方、日々中学受験に打ち込むことで、睡眠不足になったり、ストレスを溜め込んでしまったりする子もいる。

よく耳にするのは、塾の宿題がなかなか片付かず、深夜まで机から離れられないというケースだ。小学校に通学するために朝は早起きしなければならないので、睡眠不足に陥ってしまう。そうなるとホルモンバランスを崩してしまい、基礎代謝の低下を招くというデータもある。また、「睡眠」それ自体に「記憶力を高め、集中力発揮を促す働き」があり、実際に睡眠時間が長い子ほど成績上位の傾向にあるという調査結果も出ているのだ。

このように睡眠時間確保が難しくなった場合、私は次のような提案をしている。

夜は早めに寝て睡眠時間をしっかり確保した上で、早起きを心がけて「朝学習」の時間をたくさん設ける。結果的に深夜に勉強するよりもそのほうが「学習が捗《はかど》る」ことがほとんどなのだ。さらに、「月曜日」にはこれをやる、「火曜日」にはあれをやる……と学習のルーティン化を図ることで、学習効率を一層高めることも可能だ。そのためには、一週間の計画を保護者と本人が相談しながら立てることが肝要である。スケジュール作成上の留意点として、以下の三つのポイントを挙げておきたい。

①就寝・起床のタイミングをなるべく一律にする。

②「無理」な学習スケジュールを組まない。

③「自由時間」をしっかり確保する。

この三点が実行でき、一週間の学習を習慣化できるようになれば、中学受験勉強で生じる「リスク」が「ラク」へと好転するのである。

また、中学受験が身体に直接的な悪影響を及ぼすケースもある。

一般社団法人日本小児心身医学会のサイトを見ると、小児の心身症の一つとして「心因性嘔吐症」というものがある。そのサイトには、心因性嘔吐症の原因は「大脳に伝わった心理社会的なストレスを上手く処理できず、不快な感情が誘因となって嘔吐中枢を刺激してしまうこと」と書かれている。

私はこの症状らしき中学受験生を、過去に何度か目にしたことがあるのだ。

その原因の大半は、中学受験勉強「そのもの」よりも、保護者の言動がわが子に要らぬプレッシャーを与えていることにある。保護者が子の中学受験勉強に干渉し過ぎてしまっているのだ。

「中学受験など人生の通過点のひとつにほかならない」と、保護者が肩の力を抜いて子に接するようになると事態が好転する場合が多い。そして、あれやこれやの手を尽くしても、その事態が好転しないのであれば、その時点で中学受験を回避すべきだと考える。受験よりも子の精神面が安定するほうがその何倍、いや何十倍も大切なことだ。

早慶MARCH付属校は、中学入試の「狙い目」なのか?

さて、先ほど中高一貫の六年間教育は大学入試で大きなアドバンテージをもたらすという事例を紹介した。その事例は進学校の話であるが、それでは、早慶MARCHの付属校は中学入試で「狙い目」であり、「トク」することが多いのだろうか。

もちろん、早慶MARCH付属中学高校は系列大学への内部進学率が高いことが多く、保護者からすれば「安心感」を得られることは間違いない。しかし、前述したように、わが子の進路変更に柔軟に対応できないケースや、自由でゆるやかな教育環境に甘えてしまうことで成績不振に陥ってしまうケースもある。これは付属校ならではの「リスク」であろう。

もちろん、付属校特有の「トク」もある。

好きなことにとことん打ち込める時間が提供されるというのは先ほど申し上げたことだが、それ以外にも将来的に有利に働く面がある。それは「ＯＢ・ＯＧ」との濃いつながり、ネットワークを活用できる点だ。

慶應義塾を例に説明しよう。

慶應義塾の一貫体制に色濃く感じられるのは「ファミリー意識」である。実際に、小学校（幼稚舎）から大学・大学院に至るまで、慶應義塾という「学園」に囲い込むような教育がなされている。その象徴は何といっても「連合三田会」だろう。先述のように慶應義塾の同窓会で、「年度別」「地域別」「職域別」など計九〇〇近い団体があり、多くの卒業生が属している。連合三田会のウェブサイトには「慶應に入学して良かったと思うのは、大学を卒業してからかもしれません」という文言が躍っている。この「慶應ネットワーク」に助けられた経験を持つという卒業生は多い。同業他社の情報交換だけではなく、転職の斡旋が行われることもある。そして、この「三田会」で何かと優遇されるのは、中学以前から慶應義塾の付属校に在籍していた「内部」の人たちであることをよく耳にする。

また、大学付属校の中には「高大連携」の仕組みを導入していて、大学進学の下準備をして大学入試組に差をつけようというところもある。

法政大学第二では、高校三年生の三学期になると進学する学部ごとに分かれ、その分野のプレゼンテーションを行ったり、論文を作成したりする。教員による講義の他、本校卒業生や社会人を招聘しての講演会、学外フィールドワークの開催や、大学教員による入学前オリエンテーションなどに取り組むことになる。たとえば、「経営学部クラス」では、「経営学入門」「経営学の数学」「経営学の英語」の三つの講座を開設している。また、法政大学経営学部による進学ガイダンスとプレゼンテーション指導が行われ、その成果を発表するのだという（各種業界や企業経営の研究をテーマにしている）。

それでは、早慶ＭＡＲＣＨ付属校は、高校入試と比較すると中学入試のほうが断然に「ラク」なのだろうか。実はそうではない。都内の早慶ＭＡＲＣＨ付属の中学入試偏差値ランクを見てみよう（**図表9**）。

中学入試は第一章で言及したように「学力優秀層」中心の争いであり、偏差値五〇は「優秀層」とカウントしてもよい。そう考えると、早慶ＭＡＲＣＨ付属は程度の差こそあれ上位にあるのが分かるだろう。

そして、早慶はいまも昔も難関校であるのに変わりはないが、近年はとりわけＭＡＲＣＨ付属校がそのレベルをぐんと伸ばしてきた。

(図表9)
早慶MARCH付属校　中学入試偏差値

学校名	中学入試偏差値	
	男子	女子
慶應義塾中等部	64	70
慶應義塾普通部	64	—
早稲田実業	64	69
慶應義塾湘南藤沢	64	67
早稲田高等学院中学部	63	—
明治大学明治	61	64
立教女学院	—	61
立教新座	60	—
青山学院	58	65
明治大学中野	57	—
立教池袋	57	—
法政大学第二	56	58
中央大学附属	55	57
中央大学附属横浜	55	57
香蘭女学校	—	55
法政大学	54	56
青山学院横浜英和	52	54
明治大学中野八王子	52	54

※中学入試偏差値は、四谷大塚主催「合不合判定テスト」偏差値一覧表(2019年度入試結果偏差値)より。偏差値は合格判定80%ラインを示す。なお、複数回入試実施の学校は初回入試(午前)の入試偏差値を表示している
※香蘭女学校は立教大学の「関係校」として80名の推薦枠があるため記載している(2021年度から推薦枠97名に拡充される)
※浦和ルーテル学院は青山学院大学と系属校協定を締結し、2019年度から「青山学院大学系属浦和ルーテル学院」と校名変更したが、この名称になってからの入試はまだ実施されていないため、上記の表には入れていない

理由はこれもまた第一章で説明したように、「大学入試改革」「大学入試定員厳格化による大学入試の難化」に対する、中学受験生保護者の不安である。

立教大学の「関係校」の香蘭女学校にフォーカスしてみよう。

三年前の二〇一六年度入試では、二月一日入試の四科受験者は二五〇名、四科合格者は一六六名、実質倍率は一・五倍であった。ところが、二〇一九年度は入試回数を二回に分けた関係で、二月一日入試の定員を減らしたにもかかわらず、四科受験者は三六四名に増えた。そして、合格者は一〇〇名と実質倍率三・六倍となった。かつては偏差値四〇台前半でも合格することがあったが、いまや偏差値五五程度でも不合格になってしまう受験生が出てくるまでになった。

ほかのMARCH付属校の、二〇一六年度入試と二〇一九年度入試（一回目の入試）の実質倍率の変化を書き出してみたい（上段が二〇一六年度、下段が二〇一九年度）。

明治大学明治（男）　二・三→三・〇
明治大学明治（女）　四・一→四・三
明治大学中野八王子（男）　一・九→四・〇

明治大学中野八王子（女）　一・六→三・七
明治大学中野　二・三→三・八
青山学院（男）　三・一→三・三
青山学院（女）　四・七→五・四
青山学院横浜英和（男）　二・七→三・四
青山学院横浜英和（女）　三・一→三・九
立教池袋　二・五→二・七
立教新座　二・一→二・三
立教女学院　二・〇→二・四
中央大学附属（男）　二・九→三・一
中央大学附属（女）　二・七→四・二
中央大学横浜（男）　二・七→三・八
中央大学横浜（女）　二・一→三・一
法政大学（男）　三・一→三・六
法政大学（女）　三・六→三・九

法政大学第二（男）　三・六→四・二
法政大学第二（女）　四・四→五・三

自分で書いていてここまでかと心底驚いた。ＭＡＲＣＨ付属校すべての実質倍率が上昇しているのである。当然、実質倍率が上がれば上がるほどその難度は高くなる。つまり、ＭＡＲＣＨ付属の「偏差値高騰」がいま起きているのだ。

「高騰」などという表現をあえて用いたのには理由がある。普通は物価や地価などに用いられる言葉である。

私が言いたいのはこういうことだ。

いまは「大学入試改革の不明瞭さ」「大学入試の難化」という外的要因があるが、それが落ち着いたら、ＭＡＲＣＨ各校の偏差値は「下落」する（というより、元に戻る）可能性が高いと睨んでいる。

実際、近年ＭＡＲＣＨ付属校に合格する子どもたちの顔ぶれを見ると、このままいけば現役で国公立大学や早慶大に合格するのではないかという子が、大勢含まれているように感じられるのだ。

たとえば、かつて青山学院と成蹊（系列の大学はあるが、実質的に進学校である）の二校に合格をした女の子がいた。合格直後、二つの合格通知を手にした母娘は、どちらの学校に進学すべきか悩み、塾に相談をしにきたことがある。こちらが推したのは成蹊。偏差値上では青山学院が成蹊を大きく上回っているが、彼女の学力的な「余力」を十分に感じていた（中高でさらに大きく学力を伸ばせそうに感じた）ことと、彼女自身が周囲に流されやすいタイプなので、青山学院に進むと外部受験の芽はなくなる可能性が高いと踏んだからだ。塾サイドの提案を受け入れた母娘は成蹊進学を決断した。

その六年後、彼女が塾に顔を出した。聞けば、大学入試で慶應義塾大学に現役合格したという。そのときに彼女は、あの中学入試のときに成蹊を選んで本当に良かったと語っていたのだ。

このような事例は決して特別ではなく、枚挙に暇がない。

中学受験でダメになる子もいる

中学受験勉強に取り組むことで、寝不足になったり精神的に不安定になったりするケースも散見されると書いたが、ほかにも「リスク」はある。

中学受験で科目の楽しさや、自ら問題を解決することの喜びを知り、その結果、一生の財産になる「学びの姿勢」が獲得できる可能性のある反面、学ぶことそのものが苦痛でしかないという態度を生み出してしまう危険性もはらんでいるのだ。

わが子が中学受験勉強をスタートさせるとき、私は保護者からこんな相談を受けることが度々ある。

「親が子の勉強を管理すると、子どもが伸びなくなるって言われていますが、ウチの子は放置していたら何も勉強しないのではないかと思うのです」

この不安はよく分かる。確かに子を管理下に置いたままだと、自主性が求められる中学受験勉強においてマイナスに働くことは間違いがない。ただ、頭では分かってはいるけれど、わが子を放置すると勉強をサボらせるだけではないか。そんな葛藤を抱いてしまう保護者が多く見られる。

ここは事を「ゼロ百思考」で対処しないことが必要だと私は考えている。つまり、「勉強を完全に他者（塾）に丸投げする」のか、「親が徹底的に子の勉強を管理する」のかという二択で考えるべきではないということだ。

たとえば、いままでは親が朝の漢字学習の丸付けを行い、直しの指示を出していたが、これからは丸付けと直しは子ども自身でやらせよう。まずは、そんな些細な課題をわが子に与えれば十分。そして、その課題を一つクリアするたびに、子が自ら取り組む領域を少しずつ増やしていってやればよいのである。もちろん、子が順風満帆に成長していくとは思わないほうがよい。つい、サボり癖が出てしまったり、ある一つの課題を自らクリアすることがなかなかできなかったり……。中学受験の道程は山あり谷ありになるのが当然だ。そんなときは辛抱強く子を見守り、時には適切なアドバイスを投げかけていくことを忘れてはならない。そして、六年生、受験学年になったころから、本当の意味で「子に勉強面すべてを任せる」「アドバイスは他者（塾）にお願いする」というような状態を構築できるとよい。

一昨年、とある男子難関校の教員と食事をしていたときに、私は次のような興味深い話を聞いた。

「中学入学当初は難関の入試をくぐり抜けてきただけあって、みんな学力レベルが高い。ウチは偏差値七〇レベルの学校だからそれは当たり前のこと。でも、中学校一年生の途中から学力が失速し始める子どもたちが結構いるのです。その子たちの共通点とは何だと思いますか？」

そして、彼はこう断言した。

「そういう子に共通しているのは、中学受験の時に親がべったり勉強面に付き添っていた子たちなのですよ」

そうなのだ。中学受験の主体は保護者ではなく子どもである。勉強するのも、合格した学校に通って中高生活を謳歌するのも子どもなのだ。

私はこう考えている。周囲の大人（塾の講師を含む）は、子の学力を「直接的に」伸ばすことはできない。だからこそ、子が自ら伸びていくよう、保護者がいかに間接的な働きかけで導いていくのかを常日頃から熟考することが大切だ。中学受験をするなら、目先の「合格」だけを求めるのではなく、子の将来の原動力となる「自立心」を培う好機にしたいものだ。そう「達観」できる保護者の子どもは、ほぼ間違いなく学力を大きく伸長させていく。

中学受験の「トク」「ラク」「リスク」について、具体的事例を交えながら持論を開陳してきたが、ここまで読んでどう思われたであろうか。第三章では中学ではなく、高校受験における「トク」「ラク」「リスク」を取り上げている。双方を比較検討することで、わが子は果たして「中学受験」すべきなのか、あるいは、「高校受験」の道をとるべきなのか。

それを判断する指標の一つにしてほしい。

第三章　高校入試の「トク」「ラク」「リスク」

高校入試の「トク」

高校入試は難易度が低い

中学受験サイドからの解説に続いて、本章では高校入試の「トク」「ラク」「リスク」に絞って述べていきたい。

私（武川）は、中学・高校・大学入試を同時に担当した経験がある。まさにそれぞれの「トク」「ラク」「リスク」を現場で感じていた。ちなみにすべての受験を担当していると、一月から三月までは、かなり目まぐるしい日々を送ることになる。

入試はこんな日程になる。一月中旬に大学センター試験が始まり、中旬から下旬に千葉県・埼玉県の中・高入試、二月一日からは東京都・神奈川県の中学入試がスタートし、その前後からＭＡＲＣＨや関関同立を始めとする私立大学の入試が始まる。そして二月上旬以降に早慶付属高校、そして上智大学の各学部の入試が行われ、いち段落した頃に早稲田大学、慶應義塾大学の入試が始まる。二月下旬には国公立大学前期試験と東京都立高校の入試、そして三月の国立大学後期試験を迎える。

中学・高校入試では、試験開始前に会場前で激励の握手を行い、その後随時合格発表の連絡を受ける。肉体的にも疲労が溜まるが、それ以上に心理的に疲れる。喜んだり、がっかりしたりと、ジェットコースターに乗せられたような気分を味わうからだ。当事者である受験生が疲労するのは、言うまでもない。

さて、ここからは高校入試の「トク」について述べていこう。結論めいたことを先に言ってしまえば、早慶MARCH付属を始めとする難関私立高校への合格、進学という観点に立つと、入試の難易度が最も低い、つまり「トク」なのは高校入試である。

なるほど、では次章へ……とページをめくるのはまだ早い。この「トク」な点を掘り下げつつ、それが実は男子の場合であり、女子の場合は、とくに早慶付属については、決して「トク」とも「ラク」とも言い切れない要素がある。その点も含めて話を進めていきたい。

また、最大の「トク」を享受する層である「帰国生枠」についても詳述する。海外に住む家族や親戚、友人に小学生~中学生のお子さんがいたら、この章に付箋をつけて是非とも送ってあげてほしいと思う。

（図表10）
中学入試と高校入試の学力ピラミッド（イメージ）

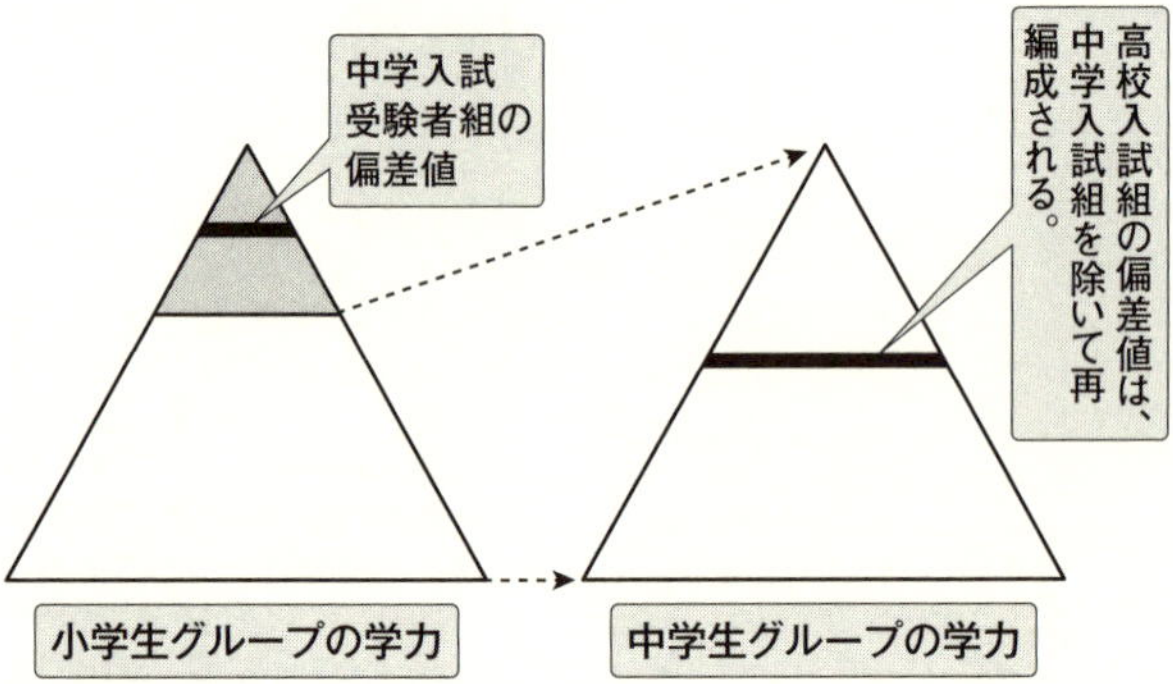

※太線は偏差値50のライン
※著者作成

高校入試の受験者層の実態

ここで、高校入試の受験者層について**図表10**を用いて確認をしておきたい。早慶MARCH付属が中心になるので、首都圏に限定した話となる。首都圏在住の保護者の皆さんには実感として、その他のエリアの方にはその実情をイメージしていただけると幸いである。

首都圏の私立中学受験率（小学六年生の全児童数に対する中学受験者数の割合）は、前述のように一四パーセント程度となっている。この一四パーセントは、その世代の学力優秀な層が中心となっていると言ってよい。したがって、高校入試では、その層

（図表11）
中学入試と高校入試との偏差値比較の例

学校名	中学入試	高校入試	
		駿台模試	学力診断テスト
開成	71	69	74
豊島岡女子	70	64	70
早大学院	63	65	71
立教新座	60	58	67
中大附属	男55／女57	男女とも53	男女とも67

※中学入試は「四谷大塚合不合判定テスト」（2019年9月実施）の80%偏差値表より
※高校入試は「駿台中学生テスト」と教育開発出版株式会社「学力診断テスト」の偏差値表より

が受験者層から外れる。図表のイメージで受験者層が再編成されるのだ。

この点を踏まえて、中学入試と高校入試の両方の受験機会を設けている学校の、入試難易度の違いを見ていこう。

図表11をご覧いただきたい。中学入試では、四谷大塚の合不合判定テスト（以下、「合判」）の八〇パーセント偏差値を表示した。高校入試は主に成績優秀層のみが受験をしている駿台中学生テスト（以下、「駿台模試」）と幅広い学力層が受験する「学力診断テスト」の偏差値を表示した（なお、「学力診断テスト」の偏差値は「駿台模試」のそれよりも高い数値になる傾向がある）。

中・高の数値を比べると、「そんなに難易

度は変わらないのではないか?」と思われるかもしれない。しかし、「偏差値」という指標は、受験者の分布を「平均値＝五〇」として表したものである。

図表の受験者層に置き換えて考えると、実は中学入試における偏差値「五〇」の持つ価値は、高校入試（大学入試も）におけるそれとは異なると言って差し支えない。第一章でも触れているが、もう一度解説しておこう。

よく「ウチの子は偏差値五〇しか取れないから頭が良くない。中学受験に向いていない」と訴える保護者がいるが、実は偏差値五〇は決して低くはないといつも説明している。

なぜなのか――。

模試によっても偏差値五〇の価値が異なるからだ。たとえば、主に中堅層が受験する新教育の「合格もぎ」の偏差値五〇と中学受験における「合判」の偏差値五〇は同じ数値でもその意味合いは全く違う。さらに、高校入試の成績上位層が受験する駿台模試の偏差値五〇とも意味合いが違う。その駿台模試にしても、首都圏の御三家中学在籍者や、早慶付属中の在籍者はほとんど受験していないので、中学入試の「合判」に比べても、受験者全体のレベルは低いと言って差し支えないだろう。

私の実感としても、やはり中学入試で男女御三家や、栄光学園、聖光学院、筑波大附属駒場、灘中などの合格者は、高校入試では出会うことが滅多にないレベルの優秀生である。「普通の子」が合格するとはどうしても思えない。少なくとも、「努力の天才」と呼ばれるほどの努力を重ねられる小学六年生でないと難しい。その意味では、首都圏の中学受験は間違いなくその世代のトップ層が集まっている。「偏差値数値」そのものが大して変わらないのであれば、中学入試の方が高校入試よりも受験者のレベル、ひいては合格者のレベルが高いということになる。

話を高校受験にもどそう。前掲の**図表11**にもある開成高校の場合はどうか。

開成は中学入試で三〇〇名、高校入試では一〇〇名を募集し、入学させる。計四〇〇名のうち最終的な学業成績の上位一〇〇名は、中学入学の生徒が多数を占めると言われている。中間層の二〇〇名は中学入学組と高校入学組が混在し、下位は中学入学組となるらしい。

女子校においても、豊島岡女子学園は中学入試での偏差値は御三家レベルであり、さらに最近は御三家とダブル合格をすると豊島岡を選ぶ例がしばしばあると耳にする。それが大学入試で合格実績を伸ばした大きな要因となっているのだろう。

一方、同校の高校入試では、難関であることは間違いないが、それでも中学入試ほどの合格の難しさは感じない。実際に、合判偏差値五〇~五五の中学校に進学した後、高校入試をした生徒は、都立の某トップ校の受験には不合格であったが、豊島岡には合格し、進学した。偏差値上だけで考えれば、中学入試の時には届かなかった学校に合格した事例と言える(一方、このことが「リスク」の項で取り上げる豊島岡女子の今後の状況につながっていると思われる)。

このように、受験者層が違うために合格難易度も違ってくる。この点だけを取り上げても、中学入試よりも高校入試の方が合格しやすいという側面は否定できないのである。

中学受験組のリベンジ「成功例」

先述の通り、中学入試と高校入試では受験者層に違いがある。したがって、中学受験で望んだ結果が出なかった場合、高校入試で再チャレンジ、という方策を考える生徒と保護者は多い。私自身も、「中学受験のリベンジ」として高校入試に臨んだ生徒を担当したことは数多くある。

彼らは中学受験では、御三家やそれに準ずる進学校の駒場東邦、または早慶の付属・系属中学を目指したが、結果として届かずに「押さえ」の学校に合格し、不本意ながらそこに進学した。しかし彼らは、もう一度高校受験でリベンジを果たしたい層（この層は途中で在籍中学を公立中学に変えることが多い）や、中学受験で合格した押さえ校には進学せずに公立中学に進学するパターン、さらには中学受験では合格校が得られず……など様々なパターンに分かれる。

彼らはどのような高校受験結果になったのか。「成功例」に絞って述べていく。もちろん、それでも上手くいかなかった生徒もいる。その事例は次章で説明する。

中学受験時は早慶付属を目指したが失敗し、ＭＡＲＣＨ付属中学の一つに進学したまさき君（仮名）。しかし彼は慶應義塾への進学を諦めきれずに、中学二年生の春期講習会のタイミングで入塾してきた。

当初は「早慶付属」を目指して高校受験をスタートさせたが、徐々に成績が上がって、さらに上を目指すこととなり、最終的にはターゲットを開成高校と学芸大学附属高校に定める。普段通学する付属中学校では、ほとんどの生徒が付属高校に進学する。その環境で勉強を続けていくのは並大抵ではない精神力を必要としただろう。人間的にも成長したのか、みごと両校に合格し開成高校に進学した。

次いで、中学受験では偏差値六〇前後の進学校を目指していたが不合格に終わり、偏差値五〇前後の学校へと進んだとしき君（仮名）。進学先の中学は課題管理などが厳しく、その分、成績は向上したが、この空気感で高校生まで生活するのはさすがに息苦しいと感じたのか、高校受験を決意して塾にやってきた。塾の門をたたいたのは中学三年生の夏期講習会前と、決して早いスタートではなかったので最初は苦戦をしていた。しかし、塾での生活に慣れてくると成績はみるみるうちに向上。十二月頃に付属高校への推薦権を放棄したことで覚悟を決めたのか、入試直前の追い込みは鬼気迫るものがあった。

結果として、早大学院、海城高校（当時は高校入試を実施していた。二〇二一年に高校募集停止）、渋谷幕張高校も含めて合格し、としき君は早大学院に進学した。

もう一人、中学受験時は御三家レベルの進学校を目指していたが、不合格。偏差値五五前後の中学校に進学するも、紆余曲折があって二年次に公立中学に編入することになったさとし君（仮名）のケースを紹介しよう。

彼は改めて受験をすることになり、塾でも選抜クラスに合格したので、高校入試では筑波大附属駒場、開成を目指すことにした。中学入試の頃から理科と社会の学力は高く、大きな穴もないのでバランスの良い成績を保っていた。英語にやや難はありつつも、大きく足を引っ張ることもない。五科目の成績バランスは悪くなかった。最後は「もう失敗したくない」という意地が働いたのか、結果として筑波大学附属駒場高校、開成高校、渋谷幕張という、首都圏高校受験の最難関高校すべての合格を勝ち取り、さとし君は最終的に筑波大学附属駒場高校に進学した。

これらの三例をまとめると、まさき君は「MARCH付属中学（合判偏差値六〇ぐらい）」から「開成高校（駿台模試偏差値六九）」へ、としき君は「合判偏差値五〇前後の中学」から「早大学院（駿台模試偏差値六五）」へ、さとし君は「合判偏差値五五前後の中学」から「筑波大学附属駒場高校（駿台偏差値七一）」へ、それぞれ進学した。限られたサンプルではあるが、やはり難関校への合格を考えた時に高校入試の方がハードルは低いと言えるだろう。

大きな「トク」を享受できる「帰国生枠」

「中学入試組に対してアドバンテージを持っているのは帰国生枠の入学者だ」と私がツイッターに投稿をしたところ、ある高校生が私のツイートを引用して次のような反応を見せた。

「（最上位層の高校入試は）帰国生が『有利』なのではない。帰国生が『圧倒的』に『トク』する入試なのだ」と。その投稿には同じ学校の生徒も同調していた。

つまり、私の発言では足りないような現実に、自分たちは身を置いていたのだと彼らは主張するのだ。この発信者のプロフィール欄を見ると、高校入試では最難関とされる国立付属高校の生徒だった。その発言から考えると高校入試で入学したのだろう。彼らはやや感情的になっているところも見受けられたが、その主張は納得がいくものであった。

もちろん帰国生枠の入試は中学受験でも存在する。男子では聖光学院や海城、女子では洗足学園、共学校では慶應義塾湘南藤沢や渋谷教育学園渋谷などが実施している。これらの学校では「英語」のみか「算国理社」の学力が問われ、英語も含めた総合的な力というよりも、そもそもの地頭が良い（一般入試でも十分合格できるほどの学力を持っている）か、または英語がべらぼうにできる（ただし算国理社は苦手）という層が多い。

また、帰国生枠ではいくつかの合格が見込めるが、結局その入試形態をとっていない多くの学校では、海外経験で培った英語を始めとする語学力が生きないケースがほとんどである。とはいえ、条件が合えば英語を使って受験を有利に進めることができるのは間違いない。

中学受験で帰国生を担当した経験があるが、彼ら彼女らの合判の偏差値は五〇〜五五くらいであり、クラスも選抜クラスではなかった。しかし帰国生枠で洗足学園、そして慶應湘南藤沢に合格だった。この二校は「英語」を使った入試が可能であり、その語学力でみごと合格したのである。実際に、一般枠（つまり、算国理社を使った入試）で受験をした学校はことごとく不合格になってしまった。しかし、第一志望は慶應義塾湘南藤沢だったので、結果だけを見ると中学受験に成功したと言えるだろう。

高校入試では、中学入試とは比較にならない程に帰国生の入試は有利に進む。特に英語圏で暮らし、日常的に英語を使用していた帰国生であれば、そのメリットは最大化されると言っていいだろう。そう、中学受験では生かせる幅が現在のところ限られている「英語」が、武器になるのだ。

たしかに、国内の小学校、中学校に通い英語を勉強した生徒の中で、「受験英語」という範疇であれば帰国生に太刀打ちできる学力を身につける生徒は一定数いる。ただし、彼らはまさに血の滲むような努力の結果、その学力を手に入れている。一方で、帰国生は日本に帰国した時点で多くの場合、「受験科目」としての英語の学力は担保されていると言ってよい。なお、帰国生の中には、言語能力そのものは決して高くないにもかかわらず、受験科目としての英語の点数なら取れる、といった子も含まれる。これは母語の運用能力や論理的思考を指導する国語担当の私だから感じることかもしれない。

つまり、帰国生は「英語」という科目の勉強にほとんど、場合によっては全く時間を割く必要がない。その結果、多くの時間を数学・国語に、五科目入試の場合は理科・社会に注力できる。留年が実質的にできない上に学校生活も忙しい中学三年生にとって、このことは非常に大きい。私も毎年、開成高校、国立付属校、日比谷高校などを目指す受験生を対象とした特別講座を担当しているが、それらの学校を対象とした模試を実施すると、成績上位を帰国生が占めることがほとんどだった。

この強みは早慶付属高校受験でも発揮される。いや、早慶受験生のうち最大の利益享受者層が帰国生であると言える。実際に英語の試験では、合格者でも六〇点前後となることが多い。しかし、帰国生は満点近くの成績を取る。つまり、他の受験生に比べて英語だけで数十点のアドバンテージを得ることができる。残りの二科目はこのアドバンテージを「守る」戦いができればよいのである。

帰国生は面接や小論文でも「トク」

そして何より、帰国生（と一部の地域外生）だけは慶應義塾湘南藤沢を受験できる。

現在、日本の中学校を卒業した場合、57頁の入試日程一覧にある通り、早慶付属高校に合格できる最大数は三校。そこに慶應義塾湘南藤沢が加わることは、大きなメリットになる。また、MARCH付属でも、中大杉並や青山学院が一月中に帰国生入試を実施する。そして帰国生に人気の高い国際基督教大学高校は、書類選考と面接試験を一月中に実施する。一月中に「押さえ」を確保した上で、二月以降はその上のレベルの学校にチャレンジできるのだ。

また、慶應志木や慶應義塾（そしてかつては早大本庄）の面接試験の場で、海外生活など話の「ネタ」が豊富であり、しっかりと練り上げたエピソードを披露できることも大きなアドバンテージとなる。バイリンガル（二言語話者）とまでは言えなくとも、バイカルチャー（二文化経験者）なのだから、自然と視点が相対化され、様々な角度で物事を検討できるはずだ。これは早大学院の小論文入試においても「トク」になる。実例を挙げて何かを述べる際に、やや牽強付会でも海外経験を交えてみると、話としては一つのまとまりを示すことができる。ちなみに慶應志木や早大本庄では、帰国生には外国教員を担当させて英語で面接を実施した、という事例もある。

このように、帰国生は高校入試、特に最上位高校の入試で大きな「トク」があると言えるのだ。もし、家族で海外赴任の話があった場合、是非ともお子さんに海外での生活を経験させてあげてほしい。できれば日本人学校ではなく、インターナショナルスクールや現地の学校に通学させたいものだ（日本人学校出身者の語学力はバラつきがあり、英語が苦手な帰国生はこの「トク」を享受できないと言っても過言ではない）。これは受験の戦略というだけでなく、本人にとって海外での数年間が、かけがえのない生活体験となることは間違いないからである。

高校入試の「ラク」

中学入試、高校入試、大学入試、それぞれの有利・不利

「トク」の項では、「中学受験経験者」や「帰国生」といったキャリアを持っている受験生について説明した。彼らの優位は高校入試においては揺るがない。では、公立小学校を卒業し、近くの公立中学校に入学した場合、難関高校への合格は難しいのだろうか。もちろん、簡単とは言えない。早稲田大や慶應義塾大はかなり強力な「学歴」という後ろ盾を作ってくれる大学である。しかし、特別な能力を持っていないと入学できないというわけ

ではない。繰り返しになるが、「普通の子」が最も簡単に「早慶MARCH」の学歴を獲得できるのは、高校入試である。

最大の理由は先述の通り、受験者層のレベルの違いである。中学入試をする同世代の「最」優秀生が抜けた中で争うからである。

さらに、大学入試はどうなのか。現在でも筑波大駒場や開成などの受験生の中には、東大（または国立大医学部）のみを受験するという層は一定数いる。だが、その次に位置する（といっても全国屈指だが）学校に関しては、東大や京大、あるいは一橋大、東工大との併願で早稲田大学や慶應義塾大学の各学部を受験する。そしてなにより、早慶の入試には全国の優秀生が集まる。

大学入試そのものは、大学進学率の上昇にもかかわらず少子化によって、募集定員と受験者数が等しくなる「全入時代」に突入したと言われて久しい。かつて、団塊世代と団塊ジュニア世代が進学する頃に、全国で大学が大幅に新設されたのもその要因になっている。しかし、早稲田大学や慶應義塾大学などの入試環境はそこまで大きく変化してはいない。第一章で述べた通り、有力私立大学が文科省の方針に沿って、合格者を大きく絞り込んだため、むしろ相当に厳しくなっている。

これらの事情を踏まえると、早稲田大学、慶應義塾大学への「入り口」として最もハードルが低いのは、やはり高校入試と言える。

この事情はMARCHについても同様だ。かつては青山学院大学などは小学校への受験が一番難関であり、中学、高校、大学と入りやすくなると言われていた。小学校への「お受験」についてはは門外漢なので言及を避けるが、中学と高校を比較すれば確かに中学入試の方が難しいと言えるだろう。**図表12**で確認していただきたい。

MARCHの大学入試は、私が大学入試予備校の教壇に立ち始めた二〇一四年当時、昔との変化を感じさせられた。学部による差はあったものの、自分自身が受験生の頃よりも合格ボーダーラインがかなり下がっているように思えた。

なかにはこんな事例もあった。

いわゆる都県立高校のかつての学区制で二番手から三番手の公立高校の生徒、つまり現役生で、夏休み前までは部活に励み、場合によってはその後の文化祭や体育祭まで行事を楽しみ尽くしていた生徒が、そこから猛勉強を始めてMARCHの複数学部の合格を取ってくるというケースだ。また、浪人生でも、予備校の学力別クラスで上位～中位の設定ク

（図表12）
MARCH付属校（一部）の中学入試と
高校入試との偏差値比較

学校名	中学入試	高校入試	
		駿台模試	学力診断テスト
明大明治	男61／女64	男58／女61	男女とも69
青山学院	男57／女64	男55／女62	男69／女70
立教新座	60	58	67
中大横浜	男55／女53	男女とも54	男女とも66
法政第二	男58／女60	男51／女53	男女とも64

※中学入試は「四谷大塚合不合判定テスト」（2019年9月実施）の80%偏差値表より
※高校入試は「駿台中学生テスト」と教育開発出版株式会社「学力診断テスト」の偏差値表より

ラスに入れる力があれば、一年間の勉強でなんとかＭＡＲＣＨに合格するという事例も珍しくなかった。

「逆転合格」がなくなったMARCHの大学入試

むろん、彼ら彼女らの素質や勉強量、受験パターンの組み方などの違いによる逆転合格であったことは間違いないが、ただ、ＭＡＲＣＨのレベルであれば、正直に言って現役生であろうと浪人生であろうと周りが少し驚くような合格がよくあった。

しかし、早稲田大学などが合格者の定員を厳格化した二〇一七年入試の翌年、二〇一八年以降には少なくなった。かつては

「早慶と一緒に受験はするが、MARCHだけの合格なら浪人する」という贅沢なことを考えていた層が、そこまで強気の受験パターンを組むことに対してリスクを感じ始めたのだろう。彼らが大挙してMARCH各学部への受験に雪崩れ込み、さらに、各大学が合格者を絞り込んだため、かつてのような逆転が起こりにくく、言ってしまえば「合格すべき高校生が順当に合格していく」という入試となった。結果として、MARCHの大学入試は、二〇一四年当時とは異なる様相を呈してしまった。

それに対して、MARCHの付属高校は、この数年では中大横浜が実質的には書類審査入試が中心とはいえ新たに門戸を開いたように、選択肢が広がった。現在、MARCHの付属で共学校でないのは立教新座、立教池袋、明大中野の三つの男子校だけだから、募集定員に多少の差はあっても、女子にも十分に門戸が開かれている。さらに、中学入試のMARCH付属校の現状は、「バブル」といえるような高難度となっている。

極論すると、中学受験でMARCH付属に合格できるポテンシャルがあるのであれば、高校入試で早慶付属高校にトライしたほうが最終的な「トク」になる可能性が高い。この事情を踏まえても、現在は高校入試が最も合格しやすい機会であると判断しているのだ。

「それで本当に合格するの？」

早慶付属高校を始めとする最難関校志望で、生徒の受験パターン決定などを保護者と相談する、いわゆる「クラスの責任者」を進学塾で経験してきた。だいたい三〇人ぐらいの中学三年生を担当し、その中の九割近くの生徒が早慶付属や国立付属、都県立のトップ校に合格し、進学していく。

その中で、帰国生は五名前後であり、中学受験経験者も五名前後。中には「公立中高一貫校」のみを受験し、準備も小学六年生の秋以降に始めた、という生徒もいる。残りは地元の公立小学校から中学校に進学した子どもたちである。彼らの多くは最初から飛び抜けた、または優れた力を発揮していたわけではない。学校や塾から出される宿題をこなし、授業内で行われるテストに向けて勉強をし……というごくごく当たり前のことを継続していた。とはいえ、この「当たり前」が難しいのだが、それができれば合格の可能性が開かれてくる。

この箇所をお読みの保護者はどのように感じるだろうか。うちの子にもチャンスが……と思っていただけるなら幸いだが、多くは、「それで本当に合格するの？」という疑問を持たれるのではないだろうか。なにより、早慶付属高校の駿台模試の偏差値はすべて六五前後という数字が示されている（図表13）。偏差値六〇は、受験者の中の上位一五パーセントであり、六五となれば全体の七パーセント弱である。そんな高校に「普通の子」であるうちの息子が本当に合格できるのか、と。

もちろん、何もせずに誰でも合格するということはない。しかし、早慶付属高についてのノウハウが蓄積されている大手の進学塾で授業を受け、そこで「当たり前」の勉強を継続できるのなら、合格の可能性が開けてくることは間違いないと私は断言する。

実際の合格ラインはここまで下がる

それでも、駿台模試で偏差値六五を取るのは容易ではない。では、実際にどの成績ラインが合格可能のラインとなっているのか、ある種の「禁断のデータ」をお教えしたい。もちろん、この後詳述する数値はどの進学塾でも同様というわけではなく、あくまでも私自身の経験則によるものであることは断っておきたい。ただ、それでも毎年相当数の生徒を担当していく中で蓄積された「経験知」でもあるのだ。

早慶付属高校を連続で最大数受験することを前提として、その中で一つの早慶付属高校

(図表13)
早慶MARCH付属校高校入試偏差値(2020年度用)

学校名	駿台模試		学力診断テスト	
	男子	女子	男子	女子
慶應女子	—	70	—	74
早稲田実業	66	66	71	74
慶應志木	66	—	72	—
早大学院	65	—	71	—
慶応義塾	64	—	71	—
早大本庄	65	64	70	70
慶應湘南藤沢	62	62	70	70
青山学院	55	62	69	70
明大明治	58	61	69	69
立教新座	58	—	67	—
中大附属	53	53	67	67
中大杉並	53	53	67	67
中央大学	53	56	67	67
中大横浜	53	54	66	66
法政大学	49	50	65	65
明大中野	50	—	65	—
明大中野八王子	49	50	65	65
法政第二	51	53	64	64
法政国際	51	51	63	63

※「駿台中学生テスト」と教育開発出版株式会社「学力診断テスト」の偏差値表より

に合格した過去の受験生の、駿台模試の偏差値の下限（ボーダー）は五二〜五三程度である。ここまでくると、総受験者の四二パーセント程度にまでなる。この程度の成績数値があった上で、あとは早慶付属高校受験に特化した対策を講ずることができれば、合格の可能性はさらに高まる。

ＭＡＲＣＨ付属は、駿台の偏差値でいうと四〇〜四五から、中央大学附属や中央大学杉並、明大中野であれば合格可能性は高くなると言えるだろう。ただし、別格なのは明大明治と青山学院の女子である。明大明治は駿台偏差値で男子は五〇、女子は五〇台前半、青山学院の女子については偏差値五〇台後半、六〇付近の実力が欲しい。

一方で、駿台模試で六〇台中盤程度の数値が取れていないと「一本釣り」で特定の学校に合格することは難しい。だから、受験パターンを組むときには、受けることのできる最大数の早慶付属高校を組み込むように提案をする。

そもそも、多くの受験生が人生で初めて高校入試を体験する。それまでの事前日程でたとえば立教新座などを受験していたとしても、やはり早慶付属を目指している生徒にとって、本番の早慶付属の受験となれば緊張感がまるで違う。普段はどれだけ親に悪態をつき、またどんなに大人びて見えていても、やっぱり一五歳である。まだまだ子どもなので、特にメンタル面である程度のリスクを抱えている。そういったリスクを回避するためにも複数受験が必要となる。

ある受験生の例を挙げたいと思う。健一君（仮名）は二月九日の早大本庄の入試時に、激励のために早稲田大学・大隈講堂の前に並ぶ塾の先生と握手をしているうちに涙を流した。翌日の早実の時も同様に涙を見せていた。試験後、理由を聞くと、「これが早稲田の入試なのかと、感極まりました……」と言う。要は浮足立ってしまったのだ。

この二校の結果は不合格。しかし、三日目の早大学院の入試では、健一君は吹っ切れた表情をして、少なくとも三日間のうち一番いい顔をして現れた。早稲田大学のキャンパスに慣れてきたのかもしれない。とにかく彼にとって一番いい状態が三日目に来たのだ。

結果は合格。模試数値は先述のボーダーラインをやや下回るレベルだったが、健一君は「早稲田大学卒」という学歴を手にする権利を得たのだ。

ただし、ここまでの早慶付属高校についての例は「男子」に限ったことだ。滑り込むようになんとか合格を勝ち取ったケースは、多くの場合男子生徒である。理由は単純で、定員の多さ、早慶付属高校受験の選択肢の多さが要因である。では女子はどうなのか。それは次の「リスク」の項で述べていこう。

高校入試の「リスク」

リスク1　最優秀層の女子には選択肢が少ない

さて、ここまでは高校入試についての「非常に景気のよい話」を展開してきた。しかし、これはあくまでも男子に限った話である。もちろん、大学入試を想定し、進学校を志望する男子の選択肢はさほど多いとは言えない。開成か国立付属か渋谷幕張といったところだろう。それでも「進学校に合格できなければ早慶付属高校」という選択は可能である。大きな受け皿の「押さえ」が存在している。

しかし、私立の高校入試に挑む女子の場合、事情は変わる。

どう変わるのか――。

まずは高校入試の前に中学入試を確認しておこう。

小学六年の優秀な女子が早慶付属を志望した場合、受験可能なのは、早稲田実業、慶應義塾湘南藤沢、慶應義塾中等部の三校だけである。これらの試験日は二月一日、二日、三日と順に並んでいるので重複せずに受験できるのが救いだろうか。ただし、実際には、この三校を三日間連続して併願する受験生は限りなく少ない。多くの場合、早稲田か慶應に絞った上で、慶應二校＋進学校、あるいは早実＋明大明治を受験する、というパターンとなる。

男子も日程的には同じ三日間に受験日が集中するが、二月一日の選択肢の多さは大きな利点だ。

この日に入試を設定しているのは慶應義塾普通部、早大学院中等部、早稲田実業、早稲田中の四校である。この中から早稲田か慶應か、男子校か共学か、大学受験を見据えるのか……などさまざまな視点から検討し選ぶことができる。

また、二月二日は女子と同様に慶應義塾湘南藤沢のみの受験機会だが、二月三日は慶應義塾中等部に加えて、早稲田中学の二回目の入試があり、この二校からの選択が可能である。このように男子も、三日間では三校しか受験機会がないのは女子と同じだが、そこでの選択の幅は女子とは大きく異なる。

この点から見ても中学入試においては女子の選択肢は男子に比べると限定的なものになっている。

女子の高校入試は、さらに厳しくなる

このように中学入試で付属校の選択肢が少ない優秀な女子は、高校入試ではさらに厳しくなる。第一章でも確認したが、そもそも女子の早慶付属高校の受験可能校は最大で二校、早稲田本庄（二月九日）と慶應義塾女子または早稲田実業（ともに二月一〇日）に限られる（帰国生なら、これに慶應義塾湘南藤沢が入ることで三校になる）。募集人数も慶應義塾高校が推薦を含めて三七〇名であるのに対し、慶應義塾女子は一〇〇名である。早稲田実業も男子が八〇名募集であるのに対し、女子は四〇名である。早大本庄ですら、推薦入試も含めて男子は一六〇名であるのに対し、女子は一一〇名の募集である（帰国生推薦二〇名を除く）。とにかく女子には、早慶付属高校合格へのハードルは非常に高い。

また、成績面でも同様だ。前項で男子の早慶付属に合格するボーダーの駿台模試偏差値を五二～五三と述べたが、女子は偏差値六〇は欲しいところである。出題問題との相性などで多少のイレギュラーはあるが、男子よりも合格へのハードルが高いことは、まぎれもない事実だ。実際、高校入試の大手進学塾でも、早慶付属高校以上のレベルを目指す選抜クラスの場合、基準数値が男子に比べて女子の方が高く設定されていることが多い。この

影響は、二月一一日以降のMARCH付属校、たとえば一一日の明大中野八王子や法政第二、一二日の青山学院や明大明治が、男子に比べて女子の方が合格難易度が高くなっていることにも現れている。

しかし、早慶MARCH付属高校の場合、選択肢がある分だけ良いのかもしれない。進学校に目を向けると、選択肢が「ほぼ無い」と言っても過言ではない。合判の偏差値六〇以上の女子進学校で高校入試を実施しているのは豊島岡女子のみである。その豊島岡女子も、先述のように二〇二二年度入試から募集停止をし「完全中高一貫校」になる。いわば、最後の砦がついに陥落することとなったのだ。

大勢の関係者を驚かせた、ある「発表」

首都圏の共学校入試を見ていこう。

都内の国立付属高校としては、筑波大学附属高校、東京学芸大学附属高校、お茶の水女子大学附属高校がある。国立付属高校はあくまでも各大学の教育学部に属した教育機関であり、筑波大学や東京学芸大学への内部進学権利は存在しない。ただし、お茶の水女子大学のみ、高大連携特別入試を実施しており、毎年一〇名程度が高校から大学へと進学している。

三校に加えて私立では東京の広尾学園、千葉県の渋谷教育学園幕張高校（通称「渋幕」）、同じく市川高校、埼玉県の栄東高校が高校入試を実施している。このうち、最難関の私立共学高校である渋谷幕張は二〇一九年六月のニュースリリースで、二〇二〇年以降に制服のリニューアルをすると発表した。ところが、その説明文に高校入試関係者を驚かせる言葉があった。

「将来の完全中高一貫化を見据える（そのために中高のシャツとブラウスを統一する）」というのだ。豊島岡女子に続き渋谷幕張まで高校募集を停止すると、女子優秀生の選択肢はさらに狭まってしまう。二〇〇五年前後から、基本的には女子の受験生の方が選択肢は少なかった（そもそも、早実も早大本庄も先述の通り元々は男子校である）のだが、共学化によって少し変わった。しかし、二〇二〇年を過ぎると「高校入試で進学校へ」という選択肢そのものが、女子については一段と少なくなってしまう。本当の最後の砦である国立付属高校はすべて二月一三日が受験日であり、併願はできない。実質的に国立付属高校と都県立高校に限られるのだ。

中学受験を考えていたり、迷っていたりする女子を抱える保護者にはこう言いたい。

「中学受験をしましょう」。学力レベルが高い女子の場合は、高校入試にあまり良い選択肢が残っていないのである。

リスク2 高校入試からの大学受験という選択肢

そもそも、なぜ高校入試の募集を停止するのか。

先述の本郷高校や豊島岡女子学園、さらにはかつて高校募集をしていた海城高校（二〇一一年高校募集停止）などは、停止の理由に「中学入試入学組とのカリキュラム調整の大変さ」などを挙げる。しかし、現場で指導している立場からすると、結局のところ高校入学組の学力が中学入学組のそれに劣っていることが多かったからではないかと思われる。そうであるなら、中学入試での間口を広げて六年間かけてじっくり育てようと学校側が考えるのは自然である。

だが、高校入学組がもたらす良い影響もある。それは「新しい風」だ。私が卒業した浅野高校は、私が入学する数年前に高校募集を停止した。ある教師が「高校入学組はカリキュラム調整が大変だったが、真面目だったし、英語が中学入学組よりも出来たので学年全体にとって良い刺激になった」と言っていたことを思い出す。つまり「新しい風」の効果があったのだ。しかし、やはり完全中高一貫校化された現在の方が、大学入試の実績は全体的に向上した。近頃は、私が在籍していた二〇〇三年前後に比べて、東大合格者は五割増しになっている。

この事実の背景には、これまで述べてきたように中学入試と高校入試の受験者層の違いという点がある。しかし、それ以上にこれらの学校の入試科目が英数国の三科目であったことが要因であろうと考えている。そもそも、首都圏で五科目入試を実施しているのは各都県立高校と、埼玉県の栄東高校（特別選抜入試。通常入試は三科目で受験可）、千葉県の渋谷幕張、市川高校、昭和秀英高校、そして東京都の開成高校と国立付属高校である。つまり、進学校であるにもかかわらず、豊島岡もかつての海城も、現在入試を続けている城北も桐朋も理科・社会の入試を課していないのだ。

これは何を示すのか。大学入試で東京大学をはじめとする国立大学や、早慶上智など難関私立大学に合格するためには、理科・社会のハイレベルな勉強が不可避である。中学入試組は、ほぼすべての進学校で算・国・理・社の四科目で入試を実施している。しかも、受験生のレベルは高い。たとえば普通の子が参加する東京都立高校の理科・社会の共通問題であれば、一部の分野を除けば、おそらく高得点、ひょっとすると満点が取れるだろう。

それほどレベルが高い中学入試を経験した集団に、受験科目として理科・社会の勉強をしていない高校入試の合格者が入ったところで勝ち目はない。実際に高校入試で理・社を課している開成高校や筑波大学附属駒場高校では、高校入学組もある一定レベルを学校内で保っていることは先述した通りである。

とはいえ、高校入学組が不利なことに読者の皆さんはあまり実感がわかないかもしれない。ひとつの指標として、東京大学合格者数のトップ二五校（次頁の**図表14**）を示す。この中で高校入試を実施している学校を見てみよう。

半数以上の一五校が高校入試を実施しているではないか、と思われるかもしれないが、この中で高校入試での三科目入試の実施校は豊島岡女子だけである。この点について示唆に富む談話と解説記事が、二〇一九年八月七日付の朝日新聞に掲載されている。

〈豊島岡女子の担当者は募集停止の理由について「コメントしない」としているが、早稲田アカデミーの酒井和寿・高校受験部長は「中学入学者と高校入学者のレベルが違うのが、一番の理由だろう」とみる。例えば、今年の東大現役合格者は全員が中学入学者で、高校入学者はゼロだった〉

（図表14）
東大合格者ランキング（2019年度）

順位	学校名	東大合格者数（名）	高校入試の有無
1	開成（東京）	186	○
2	筑波大附属駒場（東京）	119	○
3	麻布（東京）	100	×
4	聖光学院（神奈川）	93	×
5	灘（兵庫）	74	○
6	渋谷教育学園幕張（千葉）	72	○
7	桜蔭（東京）	66	×
8	駒場東邦（東京）	61	×
9	栄光学園（神奈川）	54	×
10	久留米大附設（福岡）	50	○
11	都立日比谷（東京）	47	○
12	海城（東京）	46	×
13	東京学芸大学附属（東京）	45	○
14	西大和学園（奈良）	42	○
15	県立浦和（埼玉）	41	○
16	浅野（神奈川）	39	×
17	東海（愛知）	37	○
18	甲陽学院（兵庫）	34	×
	ラ・サール（鹿児島）	34	○
20	筑波大附属（東京）	32	○
21	早稲田（東京）	30	×
22	豊島岡女子学園（東京）	29	○
23	女子学院（東京）	27	×
	県立岡崎（愛知）	27	○
	東大寺学園（奈良）	27	○

※各学校の公表データをまとめた

つまり、高校入試から大学入試を検討する場合は、理科・社会の勉強をしっかりと積み重ねることが東大合格には大前提であり、三科目試験で高校入試を突破しても、その先は非常に苦しいと言わざるを得ないのである。

最後に、都県立高校について付記しておく。

最近は都立日比谷高校や西高校の合格実績が回復し、神奈川県立の名門、湘南高校や横浜翠嵐高校も一時の低迷を脱しつつある。しかし、これらの学校の受験生の多くは、開成高校や国立付属高校との併願をしている。

二〇一九年度入試において神奈川県を拠点とする高校入試進学塾が、東京学芸大学附属高校の合格者で記録的な数となった。さらにこの塾は神奈川県立の湘南高校や横浜翠嵐高校をはじめとしたトップ高校でも圧倒的な実績をあげた。また、東京都立に目を移しても、日比谷高校の合格実績が最大数となっている進学塾は、開成高校と筑波大駒場高校（そして早慶付属高校）でも最大数となっている。

受験者の併願校は男女によって異なるが、多くの場合、開成高校と国立付属高校である。このことは、日比谷高校の進学者が単に日比谷高校に向けた都立共通問題の対策に終始するのではなく、開成高校や筑波大駒場高校をはじめとした国立付属に向けて、レベルの高い勉強をしてきたことを意味するのだ。

逆に考えると、理科・社会も含めて開成や国立付属を目指して最難関高校の合格に向けて準備すれば、大学入試において十分に東大をはじめとした難関国立大学に合格可能なレベルに達しうるのだ。

さらにいうと、開成や国立付属をはじめとした難関校の五科目受験を前提として勉強をしている受験生については、大学受験を見据えても問題なく高校に進学できるが、三科目しか勉強していないのであれば、進学後の大学受験で相当苦労をすると認識すべきである。

第四章　中学受験・高校入試、敗者のその後

合格の陰の不合格

「塾講師」という仕事の「宿命」

大手の進学塾でも個人の進学塾でも、こんな看板やポスターをよく見かける。そこには、「御三家中学○○○名合格」「「地区トップの県立□□高校に毎年合格」。あるいは、ある程度の多校舎展開をしている進学塾であれば、「早慶付属高校合格者数△年度全国一位」などの文言が並んでいる。さらにA中学の何君が慶應義塾高校に合格した、という通称「合格短冊」が飾られており、中学生であれば同じ部活の先輩の進学先を確認して友達との話題にする。そして、自分の一年後に思いを馳せる——。

中学受験では、本人よりも保護者の方が関心が高いようだ。最上位クラスからこの学校に何人合格したか、または短冊に名前がない……といったことが塾の送迎の際などの話題になる。さらには、合格者がその進学塾でどのように努力し、いかに困難を乗り越えて志望校に合格できたかという体験記がまとめられたりもする。このような「合格を可視化した」バウチャーは、合格者には「達成感と誇り」を、今後入塾を考えている生徒や保護者には「希望」を、そしてその校舎の講師たちには「安堵」を与える。

良い結果が与えてくれるものは大きい。受験生にとっては人生の、おそらく最初の大きな成功体験であり、その後の人生に自信を与えてくれる。それは講師にしても同様だ。特にキャリアの浅い講師にとっては、一人の生徒の合格が大きな自信となり、翌年以降の生徒指導にも良い影響を及ぼす。しかし、一方で忘れてはならないのは、入試は「全員が合格する」ような仕組みにはなっていないということだ。

いや、これでは不正確だ。正確に言えば、「誰もが自分の第一志望に合格することができる入試はない」という厳しい現実を忘れてはならない。特に早慶ＭＡＲＣＨレベル以上の入試であれば、必ず涙を飲む受験生が大勢存在する。当然ながら、合格者の陰には、泣いている不合格者が必ず存在するのだ。このことを十分に認識できない進学塾の講師は信頼するに値しないと思っている。

生徒の前では「明るい未来」を提示して鼓舞するというキャラクターの講師はよくいるが、保護者の前でただひたすら景気の良い文言ばかりを並べている、またはやたらと自分の手柄ばかりを語るタイプの講師に対しては、少し疑いを持った方がいいだろう。無論、これは塾の講師に限ったことではないのだが。

「しかばね」の上に立つ塾講師たち

塾講師として駆け出しの頃のお話をさせていただきたい。

現在も活躍している先輩講師から、初めて高校受験生を送り出した時に、こんな言葉をかけられた。

「今回の入試はうまくいったかもしれない。けれども、『完全試合』ではなかったことを忘れてはいけないよ。第一志望校に進学することが叶わなかった子もいる。その子たちが合格発表の掲示板に自分の番号がなくて涙を流したこと、本人だけではなく自分自身も悲しかったこと、その思いを胸に刻んでおこう。我々は幾多の『しかばね』の上に立っている。その自覚が武川くんを強くする。そうして次の受験生に向き合うことが大切なんだ」

「しかばね」という言葉は、比喩として適切ではないかもしれない。不合格になった生徒を「しかばね」と呼ぶことは失礼ではないか、その後も彼ら彼女らの人生は続いているではないか、と。もちろんそうである。しかし、中学受験も高校受験も基本的には人生で一度きりの機会である。ある意味では取り返しのつかない機会なのである。その受験で失敗させてしまうことは、塾講師たちにとっては「しかばね」を背負うということにも等しいであろう。少なくとも私は、担当生徒の不合格は身が引き裂かれてしまうほど辛かった。

いくらか経験を積んだ今でも、やはり冷静ではいられない。不合格に直面するのは辛い。そうならないように日々の授業を準備し、生徒と向き合うわけだが、なかなか思うようにはいかない。どんなに優秀な野球選手でも、打席の七割は失敗し、投手も一試合で二～三失点はしてしまうように、いくらキャリアを積み重ねてもパーフェクトゲームはなかなか達成できないだろう。難関校を目指す生徒が数十人集まる場所であれば特に難しい。それでも、私たち塾講師は「しかばね」に学び、次の学年で繰り返さないようにさらなる工夫を加えるのだが……。


実はかつて、先輩講師の忠告と同じ主旨の言葉を、本書の共著者・矢野氏から聞いたことがある。

矢野氏が大手進学塾で「御三家中学」クラスの責任者を務めていた頃、クラスの合格率七五パーセントという実績を上げた年があった。普通は三〇パーセント程度だから、驚くべき数字だ。この好成績を表彰する会合で、矢野氏はこうスピーチした。

「落としてしまった子のいることが悔やまれます」

塾講師の初心者だった私には、やはり忘れられない言葉である。

私もその後、大勢の受験生を合格させ、また不合格にしてしまった。

この章では、「高校入試」と「中学入試」の「敗北者」にスポットライトを当てる。ただし、「敗北者」とはいうものの、彼ら彼女らはあくまでも人生の通過点である「受験」に敗れたにすぎず、今後の巻き返しが不可能というわけでは決してない。この思いをこめて、塾や予備校の教壇で年度初めに必ず次のように言うことにしている。試験結果だけを見て「勝敗」を語ることにはあまり意味はない。受験に至るまでにどのように、そしてどれだけ頑張ったかが、その後の人生でとても重要になるのだ――と。

「敗者」たちは「その後」どうすべきかを述べていきたい。一度失敗した受験生が再チャレンジにどう挑んだか、実例を紹介していこう。

中学受験で失敗した生徒の高校入試リベンジ

「ジブンゴト」ではない中学受験のその後

前章でもいくつかのリベンジ事例を取り上げたが、彼らは中学生の途中から入塾したケースである。それぞれの生徒に不本意ながらも合格校があり、そこに進学した後に高校入試を志した、という事例である。だが、すべてに不合格となり、やむなく公立中学に進学した生徒もいる。

最初は伸一郎君（仮名）のケース。中学受験の際には小学四年生から小学六年生まで、ある進学塾に通っていた。教室は自宅の近所にあった。

慶應義塾普通部を中心に、慶應義塾湘南藤沢、慶應義塾中等部と「とにかく慶應義塾」という受験プランを組んでいたという。成績は合判偏差値五〇台中盤から後半。苦しいが、合格者が出ないゾーンではない。しかし、彼にとっては受験は「親や塾の先生が騒いでいるだけ」でなかなか自分の人生の出来事、そう「ジブンゴト」とは思えなかったようだ。私は彼の中学入試を担当していないが、結果だけ見るとどうやら一月入試の時点で暗雲が漂っていたようだ。

慶應受験パターンの事前受験校として、定番なのは立教新座中学である。慶應系三校に合格する生徒にとって、ここでの合格はある種の「通過儀礼」のようなものである。しかし、ここで彼は不合格になってしまった。偏差値から考えるとありえない結果ではないが、周りはそれでもなんとかなるのではないか、補欠合格ぐらいにはなるだろうとたかを括っていたのだろう。その後、彼は中等部の一次試験には合格したが、二次で不合格となる。その結果、いわゆる「全敗」で中学入試を終える。

公立中学に進学してから――

中学入試と高校入試、両方の通常講座を設定している進学塾は多い。中学受験を失敗した後もその塾にそのまま通うかどうかには、二つのパターンがある。

一つは中学受験時代とは別の塾に通うケース。塾に大きな不満がなくとも、やはり「不合格」という悪い印象は拭えず、ある種「縁起を担いで」変える場合も含まれる。

もう一つは、引き続きその塾の高校受験部門に通い続けるというものである。この場合、小学生の時は送り迎えの都合で自宅近くの校舎に通っていたが、中学生になれば電車で通えるだろうと、規模の大きい校舎などに通わせるケースもある。伸一郎君は「同じ塾に通い続けたが校舎を変えた」というパターンだった。とはいえ、電車で二駅程度、遠くなっただけだが。

さて、中学受験経験組で、しかも目指していたのは慶應三校、さぞかし優秀であろう彼が最初に入ったクラスはもちろん最上位だった。しかし、中学受験での勉強の「貯金」があるうちは、塾内のテストでも駿台模試でも成績は良かったようだが、じわじわと成績が下がっていく。中学二年になるころには選抜クラス在籍の資格は得られたものの、二番手クラスに降格してしまった。なにより貯金がない科目が存在したからだ。そう、英語である。伸一郎君は英語を苦手科目として抱えてしまったのだ。

さらに中学二年生からは部活動へとのめり込み始める。テニス部での練習は厳しかったようで、いつも授業に遅れ気味でやってきては、疲れた様子だったらしい。成長期の運動部の男子である。しかも趣味は筋トレ。体はどんどん大きくなっていくが、学力は緩やかに下がっていき、ついには選抜クラスに残れるかどうかスレスレのところまで落ちてしまう。彼は後に苦笑しながら語っている。

「あのころは部活か筋トレのことしか考えていなかった。英語のことはとにかく考えなかったな。でも合格できるんじゃないかなあと、心のどこかで思っていたんですよね」

結果がどうだったかは後述するが、中学生の保護者は自分の息子や娘も同じようなものだ、と思われたのではないだろうか。

そんな伸一郎君と私は彼が中学三年生の時に出会う。当初、私は彼に対してあまり真面目ではないというイメージを抱いていた。実際に、そのクラスで最初に「カミナリ」を落としたのは彼に対してである。宿題を連続して持ってこず、それを「忘れました」と強弁する彼を叱責した。それからも彼の態度はなかなか改まらなかったが、それでも少しずつ前向きになっていく手応えを感じていた。もともと、彼自身の国語力はそれ相応のレベルだった。

中学受験を経験し、本人が言うように中学二年までは大して勉強もしていなかったにもかかわらず、選抜クラスに残るだけの「地頭の良さ」はあったのである。

春になって三年生に進級すると、塾の担当講師が替わったことも刺激になったのか、以前よりも真剣な様子が見られるようになり、成績も少しずつ伸びた。夏期講習を迎える前には、早慶付属高校のどこかに合格できるのではないか、という手応えを国語担当として得るまでになった。ある一つの懸念を持ちつつではあったが——。

最後の「壁」を乗り越えた時に

その懸念とは、「居眠り癖」だった。睡眠障害を抱えていないか、保護者に確認したが、そうではないという。これまで部活と並行して塾の授業や課題をこなしていたので、いくら体力の有り余る中学生とはいえ、眠くなるのは理解できる。しかし、彼は部活が終わった夏期講習会中も自習室や授業でしばしば眠っている。見かけるたびに注意したのだが、なかなか改善されない。注意や指導が続いたある日、原因がどうしても分からなかったので、彼とじっくり面談することにした。すると、「塾から帰ってから一眠りして、夜中に勉強してました。朝、自習室に来ると眠たくなって……」という。

彼なりに考えて現状を打破しようとしていたのだった。私は、「夜は十分に寝て朝からしっかりやった方が効率が良い」と伝えた。その後は居眠りの回数は大きく減り、二学期以降は勉強量も安定していった。

彼にとって受験が初めて「ジブンゴト」になったのである。彼はある時こう言った。

「中学受験の時は周りが騒いでいる感じで、自分はなんとなく合格するんじゃないかって思っていたんです。でも同じ小学校の友達と離れたくないなあ、だから公立中学でもいいかな、なんて思っていたんです。でも、夏休みに入る前ぐらいにふと、このままで自分が果たして早慶付属高校に合格できるのかな、って考えたんですよ。帰国生で、英語がバリバリできるやつも増えてきて、徐々に自分のクラスでの順位も落ちてきたのも感じていたし。そろそろ苦手なことも含めて向き合わなきゃなあ、って思ったんですよね」

彼は塾に通い始めて六年目にして、ようやく自分と向き合うことが出来たのである。

伸一郎君の高校受験

しかし——。その後成績も少しずつ上昇してきたなかで二月を迎えた伸一郎君だったが、前哨戦である二度目の立教新座（今度は高校受験）でつまずいてしまう。実力的にはもはや余裕を持って合格できるはずだったが、得意の国語がやや不発であり、英語でもミスを連発したらしい。結果は補欠合格。中学入試に比べれば進歩といえる。だが、本人の不安は計り知れないものがあっただろう。

入試が「ジブンゴト」になった彼にとっては、特に怖さがあったに違いない。しかし、そこからの約一週間で彼は自分自身でその怖さを克服した。早大本庄と早大学院に合格し、すべての結果が出揃った頃、立教新座からも繰り上げ合格の通知が届いた。慶應義塾は中学受験時代のリベンジは果たせなかったが、彼の家族は「早稲田閥」だったようで、本人は「まあ結果オーライです」と笑顔で卒業していった。

特に高校受験では「ジブンゴト」にできるかどうかが成否のカギになる。彼の場合、そんな自覚を持つまでに中学受験から含めて六年かかったということになる。

高校入試の「敗者たち」のリベンジ

中途半端な成績バランス

先述の通り、女子にとって高校入試は狭き門である。特に早慶MARCHを目指す女子にとっては厳しい世界だ。男子の場合、選抜クラスに在籍していれば、ある程度の確率で早慶付属高校以上に進学できると思われる（クラスの基準にもよるが）。

しかし、女子はそうもいかない。私の担当クラスでも女子の早慶合格者が全く出なかった年が何年かあった。その時の忸怩《じくじ》たる思いは今でも忘れられない。

その選抜クラスは男子二〇名に対して、女子は三名しかいなかった。その中で、それぞれ慶應義塾女子を目指していたさやかさん（仮名）と、早稲田実業を志望していたあみさん（仮名）の例を紹介する。

二人とも授業には毎回参加し、宿題もしっかりとこなしていて、取り組みに問題はなかったし、性格も良い生徒たちだった。しかし、それぞれが国語・英語に不安を抱えていた。では二人とも数学はできるのかというと、三科目の中では安定しているものの、抜群にできるというわけではなかった。正直にいってしまえば「中途半端」な成績バランスだった。

彼女たちには中学三年生になってはじめて出会った。二人は、選抜クラスの基準はいつもスレスレで突破し、なんとか最後までクラスには在籍したものの、駿台模試の偏差値は六〇に届くか届かないか、というこれまたなんとも微妙なものだった。国語担当としては、ある程度科目成績の改善は図れたが、やはり成績バランスとしては不安だった。

真面目さに潜むリスク

しかし、彼女たちは真面目に勉強に取り組んでいた。学校が終わるとすぐに塾に来て自習を始める(これを「直塾」と彼女らは言うらしい)。私もさやかさんに国語の特別課題を与えたりしながら、実力伸長を目指した。あみさんに対しても、本来の科目とは違うが英語のプリントを渡したりして何とか実力の補強を図った。

実際に解ける問題も増えてきた。入試直前期には過去問で合格ラインを越えることもあった。「勝負ができるところまできたのでは……」と私は思った。

しかし、課題を与えることは諸刃の剣だった。私自身の反省点なのだが、手をかけすぎたのである。彼女たちは「与えられること」に慣れてしまった。気づけば「先生、私は今日何をしたらいいですか」と異口同音に質問するようになっていた。真面目な二人は、与えられた課題をしっかりと消化する。それ自体はいいことなのだが、自主性を損なってしまったのだ。

何ができたのだろうか……

勝負事は、「勝てるような気がする」というような曖昧な根拠で結果を夢想している分には楽しいものだ。また、「こうなってくれれば、勝てるだろう」と、多分に希望的観測を交えて予想しがちなものだ。

勝負事にたとえるのもいささか気が引けるが、入学試験も似たようなところがある。「英語を乗り切れば」「数学で風が吹けば」「国語の問題が簡単だったら」と、「れば」「たら」を受験生も保護者も、そして我々塾講師も考えてしまうことがある。しかし、現実はそんなに甘くない。「たら」「れば」が通じるようなものではないのだ。特に競争が激しければなおさらである。

正直に言うと、私は二人に「手ごたえ」を感じつつ、どこかで「たら」「れば」を期待してしまっていた。国語に弱点があるさやかさんに、得意なジャンルの文章が「出たら」と。あみさんには、今年の英語の問題が簡単で「あれば」と。

入試が終わって帰ってきた彼女たちは、それぞれに詳細は語らず、「やることはやりました」とだけ言い、翌日の入試に向けて気持ちを切り替えていた。二人の感想を聞いた時点でも、まだ私や同僚の講師たちも「たら」「れば」を想定していたように思える。

しかし、結果は二人とも不合格だった。さらに、彼女たちは併願校のMARCH付属高校も補欠合格止まりで繰り上がらず、結局、「押さえ」として確保していた地元の進学校に進むことになった。

この年は選抜クラスの女子は、早慶付属高校に合格できなかった。一方で男子はほぼ全員が早慶付属高校に合格し、しかもその中の多くの生徒が複数校の合格だった。結果として、その校舎の早慶付属合格者数は校舎レコードに肉薄した。私もいささか自信を持てた。しかし、一方で女子が誰も早慶付属に合格しなかった事実は重くのしかかった。校舎の合格短冊を見ても女子の名前はない。落ちた子たちは落ちるべくして落ちたのか。いや違う。

彼女たちは本当に一生懸命頑張っていたはずだ。さやかさんもあみさんも、他の女子も。では、私は彼女たちに何ができたのだろう、と思った。私の葛藤はしばらく続いた。

「頑張った事実は消えません」

受験が終わると生徒たちが、校舎まで「挨拶」に来てくれる。大げさに言えば、それが一つの「文化」になっている。ただし、これは「合格者」だけの文化だ。「不合格者」はほとんどやって来ない。「不合格」になった途端に音信不通となるようなことさえある。塾講師としては力添えが出来なかった訳なので、当座において恨まれる対象であることは致し方ないと思う。「恨まれることも仕事だ」と、キャリアの浅い頃に先輩講師から言われた経験もある。それでもお世話になった担当の先生には「ケジメ」として挨拶に……と校舎に出向いていただける家庭もある。こちらとしても、最後に、彼ら彼女らの人生に何か光となるような言葉をかけようと準備をする。それが塾講師の最後の仕事だと信じて——。

さやかさんとあみさんも、もう一人の女の子と一緒に挨拶に来てくれた。その場の詳細は覚えていないのだが、彼女たちの一人が口にした次の言葉だけは覚えている。

「結果は出なかったけど、一生懸命頑張った事実は消えませんから」
葛藤を抱えていた私は、一五歳の女の子の殊勝な言葉に救われたのだ。私も私なりにこの経験を次に生かしていかなければいけない。その思いをあらためて噛みしめたのである。

三年越しの合格報告

翌年の生徒はどちらかというと女子の方が優秀で、選抜クラスに在籍する女子は一〇人近かった。彼女たちも、前年、女子の早慶付属高校の合格ゼロは不安だったに違いない。しかも、担当する講師といえば、私も含めてほとんど前年と同じだ。きっと、複雑な思いがあっただろう。

しかし、我々も強くなっていた。「男子の合格者数を維持すること」「女子の早慶合格者をしっかりと出すこと」を目標に選抜クラスの運営を行った結果、今度は女子の全員が早慶付属と国立付属の高校に進学できた。決してこれでさやかさんやあみさんの昨年の不合格が覆されるわけではない。ただ、私たちにあの経験があったからこそこの結果が出たのだ、という自信が持てた。その後その校舎では、女子の早慶合格率と進学率は安定して高いものになっている。彼女たちを「敗者」に追い込んでしまった我々は、その苦い経験を糧にまた新しい文化を作ることができた。

彼女たちの物語は続く。受験から三年後の年末に、さやかさんとあみさんが校舎にやってきた。彼女たちは高校三年生になっていた。大人びてはいるが、まだどこかにあどけなさを残している。

高校は進学校だから、大学受験の相談かと思いきや、彼女たちはある報告を持ってやってきていた。二人とも指定校推薦で合格校を決めていた。それも高校受験で合格が叶わなかった難関大学に進学が決まったのだ。三年越しの合格報告である。

二人は、「指定校推薦が取れたのは間違いなく高校受験の勉強のおかげ」と言う。どういうことだろうか?

「高校入試の時に努力することの意味を知った。そして自分なりにもう一度反省して、改善したのが高校時代。もちろん運や縁もあるけれど、指定校推薦はいくつかの候補から選べるレベルになりました」

笑顔でそう言うのである。

繰り返しになるが、私たちは中学入試、高校入試といった人生の「通過点」を上手く通ってもらうためのお手伝いをしている。そこにこだわるのが我々の仕事である。

第五章　中学受験向きの子、高校受験向きの子の見分け方

中学受験向きの子

中学受験はスタート時が大切

中学受験は「子どもの意志」でスタートすることなどほとんどない。子の将来を考えた際に、保護者がよかれと考えて導いていく世界である。ただし、保護者に「勉強させられている」という感覚を子に持たせては絶対にならない。

中学受験とは順風満帆にはいかないものだ。苦手分野に出くわしたり、スランプに陥ったりしたとき、「私は（保護者によって）塾に通わされている」と子どもが思い込んでしまっていると「他責的」になってしまい、受験勉強の途中で挫折してしまうこともある。

中学受験のための塾通いは、大半が小学校三年生か四年生にスタートする。

ここでは、スタート時における注意点を述べていきたい。

保護者が決めた中学受験であっても、塾に関しては子が「自らそこを選んだ」と思わせることが大切だ。そのために利用したいのが塾の「体験授業」。いまはほとんどの塾で入塾前の授業体験を行っている。

まずは、保護者サイドが子の通塾候補となる塾をいろいろと探してみてほしい。直接、塾に足を運び、その塾の教育方針、指導方法、教材やカリキュラムなどの説明を受けたり、その塾の雰囲気を感じてみたりした上で、（できれば複数の）良さそうな塾の体験を子に勧めてみることだ。

その際、留意したいこととしては、繰り返しになるが子自身に塾を選ばせること、いや、子が自ら選んだように思わせることだ。もちろん、保護者の意向もあるだろうから、「〇〇塾の先生たちってとても雰囲気が良かったね」とか「〇〇塾だと成績がぐんと伸びそうだね」とか……そんな誘導は多少あってもよいだろう。

肝心なことは、子が「私〇〇塾に通いたい」と自ら発言することなのだ。これはのちのちを考えるととても重要だ。なぜか。中学受験勉強は「山あり谷あり」で、誰しもが一度は「塾をやめたいなあ」と言い出すものだからだ。そんなときに、保護者が「あなたが通いたいと言って選んだ塾でしょう」とビシッと言える下地を、スタート段階で作っておくことが肝要なのだ。

勉強は「楽しい」もの

中学受験の勉強は、小学校三年生あるいは四年生くらいからスタートする子が大半だと述べた。保護者の中には「こんなに小さな子が塾通いするのはかわいそうだ」と感じてしまう人がいるかもしれない。もし、そのような感情が拭い去れないなら、子を中学受験の道へ導くのは潔くあきらめたほうがいい。保護者のそんな同情は子どもにやがて伝染し、中学受験勉強の「踏ん張りどころ」で頑張れずにそのまま脱落してしまうからだ。「勉強させられている自分は『かわいそう』な存在である」と考える子が、中学受験に向けたハードなカリキュラムを消化できるわけはない。

それでは、中学受験勉強に早期から打ち込んでいる子どもたちは「かわいそう」なのか。私はそうは思わない。むしろ、中学受験というチャンスが与えられている「恵まれた」子どもたちだと考えている。

よく考えてみよう。「勉強」ってつらく苦しいものなのだろうか。そういう側面もあるかもしれない。しかし、算数や国語、理科、社会だって、多くの知識を身につければつけるほど、子どもたちの視野は格段に広がっていく。それはとても楽しく思えることだ。

たとえば、中学受験の社会では「地理」「歴史」「公民」の三分野の学習をかなり深いレベルにまで踏み込んでいく。「公民」の内容の一例を挙げると、「国会」「内閣」「裁判所」といったことから「世界情勢」まで幅広く学んでいく。

そんな中学受験生たちと、中学受験をしない小学生がニュース番組を見たら、「見える景色」が大きく異なるはずだ。

「ああ、いまの首相は改憲を目論んでいるけれど、自衛隊の位置づけをどうするのかは難しいよな。九条を改めるには反対勢力が多いだろうし」

中学受験生なら、ニュースを見ながら自然とそんな感想を持っても不思議ではない。

そうなのだ。中学受験勉強は子どもたちの「世界」を広げていく実にエキサイティングなものである。そして、その世界に身を置ける子どもたちは幸せだと私は考えるし、子を中学受験の道に導く保護者サイドも本気でそういう価値観を持たなければならない。そのような考えで子の中学受験を後押しすることができれば、長期間にわたる子の中学受験に寄り添う準備ができたといえるだろう。

勉強は「楽しい」ものだと表現したが、もちろん膨大な知識を覚えなければならないときもあれば、思うように成績が伸びない時期もあるなどつらくて苦しいこともある。でも、これは勉強特有のものではない。スポーツや音楽などでも同じではないか。たとえば、野球やピアノに打ち込む少年少女だって、日々のハードな練習に悲鳴を上げることもあれば、ときには逃げ出したくなることもあるだろう。でも、それを乗り越えたときには大きな喜びが待っている。

ご褒美が子どもをダメにする

ところで、いままで私は多くの中学受験生の保護者と接してきて、「良い成績が取れるとご褒美を用意する」タイプの保護者の子は、勉強面で大きくつまずいてしまうケースが多いことに気づいた。これはどうしてだろうか。

「褒美」を用意するということは、換言すれば「勉強とは苦役である」という考えを子の心に刷り込んでしまうということだ。子どもは「つらいことを我慢したからこそご褒美がもらえる」と、いつの間にかそういうふうに思ってしまうのだ。そして、「褒美をとらす」というその行為は、子が勉強して成果を出すのは保護者の「利益」のためであると子が思ってしまう危険性をはらんでいる。

だってそうだろう。殿様が家来に「褒美を遣わす」のは、殿様の敵を排除したとか、殿様に対して謀反を起こそうという企てを未然に防いだとか、殿様にとって「よいこと」をその家来がもたらしてくれたからである。

翻って勉強、学習とは、親の利益のためにするものではない。子が確かな教養を備えるためのものであり、中学受験の世界に絞って言うと、「子が好きな学校で中高生活を謳歌できる」ために行うもの。つまり、学習の主体は子ども自身にあるわけだ（当たり前だが）。勉強とは「子が自分自身のために」行うものなのだ。

そういうスタンスで保護者が中学受験に臨めるかどうかが大切である。

成績は、思い通りに伸びることはない

小学校高学年の保護者から、よくこんな「転塾」の相談を受けることがある。

「小学校三年生から○○塾に通っているのですが、成績不振に陥っています。これから塾を変えれば、わが子の成績はぐんと伸びるでしょうか？」

こんなふうに尋ねられても、「分かりません」としか言いようがない。無理に回答をひねり出すならば、「塾を変えることで成績が伸びる子もいるし、あまり変わらない子もいるし、下がる子もいる」ということになる。別にふざけているわけではなく、こう回答す

るよりほかはないのだ。これは「偏差値」の性質について言及すると分かりやすい。偏差値が五ポイント伸びる子がいれば、一方で偏差値が五ポイント下がる子がいるのだ。偏差値は相対評価ゆえ、そのような性質を持つ。

ただし、成績をぐんと伸ばせる子とそうでない子の違いならば説明できる。それは「器の容量」の差異にある。

繰り返しにはなるが、中学入試までの限られた時間で、子どもたちは各科目とも膨大な知識、解法などを吸収することが求められている。子どもたちを観察していると、それらのものをぐんぐん吸収できる「大きな器」を備えている子もいれば、反対にほとんど吸収できない「小さな器」しか有していない子もいる。これは別に先天的な能力を指しているわけではない。この器の容量を決定づけるのは「学習」に向かう姿勢なのだ。

「学習」と書いたが、自ら「学ぶ」「習う」姿勢を持っている子は成績をぐんぐん伸ばしていく。つまり、主体的に中学受験勉強を進めていける子、学ぶことを楽しめる子は、びっくりするくらい多くの知識を吸収していく。

一方、他者から「学ばされる」「習わされる」姿勢の子は、連日のように塾へ通ったとしても、成績向上を望むのはなかなか難しい。勉強に対して受け身の子は、ただそこに座っているだけで自ら考えることを放棄している場合が多いのだ。

塾をやめたいと口にする子

中学受験は順風満帆にはなかなかいかないと先述したが、本当にそうである。

塾の授業についていくのが辛い、あるいは、宿題をこなすことさえ困難だ……そんな理由で塾をやめたいと訴える子も毎年のように見かける。

そして、塾をやめたいと口にしながら、日々の学習に苦しんでいる子を見ると、親としてどうすべきか困り果ててしまう。そんなときは放置していても事態は悪化の一途をたどるだけである。保護者サイドの素早いアクションが必要不可欠だ。

塾をやめたいと口にするタイミングで、圧倒的に多いのは小学校五年生の秋である。これは他の塾の講師も異口同音に言うことだ。中学受験塾の標準的なカリキュラムを見ると、小学校五年生の秋は乗り越えなければならない「高い壁」が幾つも存在する。たとえば、算数では重要単元でありながら苦手意識を持つ子が続出する「比」の学習に取り組まなければいけない。あるいは、社会ではそれまでの地理から「歴史」の学習に入り、見慣れない用語と連日向き合わなくてはいけない……。

もしもこのような理由で「塾をやめたい」と訴えるのであれば、保護者は次の点を即座に確認してほしい。

①取り組んでいるテキストは、質・量ともにいまの学力レベルに合っているのか。

②分からないところは塾の講師に適宜質問できているか。

③必要以上に多くの課題に取り組んでいないか。また、遠回りの学習をしていないか。

①について。大手塾の中には、学力的にトップクラスの子もそうでない子たちも同じ問題に取り組まなければならず、質・量ともに全くついていけないケースがある。

また、②も大切なチェックポイント。分からない問題に出合ったとき、または授業で理解できない説明があったときに、ちゃんとその場で（あるいは授業後に）その講師に質問をできているのかということ。この①と②で問題があれば、少人数で丁寧に指導してくれるところへの「転塾」を考えるのも手である。実際、私の塾にも大手塾から移ってくる子どもたちがたくさんいるが、指導環境が変わることで、学習に対して前向きになれることが多々あるのだ。

最後に③について。この点についてはいま通っている塾の講師に相談した上で、「最低限」取り組まなければならない課題、そして、それらに対してシンプルな取り組み方を聞き出したほうがよい。いままで長時間向き合わなければいけなかった宿題の量を抑え、短時間で要領よくこなせるようになると、子の表情は明るく変わっていくはずだ。

このように、あれやこれやの手を尽くしても事態が一向に変わることなく、子が勉強そのものを嫌がるようであれば、「中学受験」をすべきか否か、その根本についてじっくりと時間をかけてご家族で話し合うべきだ。

子が中学受験勉強に取り組むことで「学ぶこと」を拒絶してしまうようなら、中学受験自体をやめてしまっても一向に構わない。子どもにとって、これからの長い人生の中では「たかが中学受験」と冷めた目で考えることも大切なのだ。世の中は中学受験をしない子どもたちのほうが圧倒的に多いのだから。

ここまで読めばもうお分かりだろう。

本項は「中学受験向きの子」というタイトルがついているが、その大前提として「中学受験向きの保護者」になることが求められているのだ。

あなたの子は「内申点」を稼げるタイプか？

中学受験をせずに地元の公立中学校に進学して、三年後の高校受験に向けて勉強していく……。いかに中学受験率が高い首都圏とはいえ、依然として大多数の子はこの道を選択している。

中学受験がまだまだ「特殊な世界」であることを承知の上で、それでも高校受験ではなく「中学受験」の道を選んだほうがよい子とはどんなタイプだろうか。

優れた学力を有しているにもかかわらず、「内申点」（中学校の調査書にある各教科の評定に基づく合計得点）が取りづらいタイプと予測できる子は、消極的な理由ではあるものの、「中学受験向き」と考えてもよいかもしれない。

大半の学校の高校入試と受験生の内申点は密接な関係がある。都県立高校入試ではこの内申点を「点数化」して、当日の入試得点と合わせて合否判定を行う。また、私立高校の推薦入試の出願基準は、「内申点」を基に定められていることが多い。換言すれば、中学校の内申点が低ければ高校入試では不利に働くのである。

では、「内申点の高さ」＝「学力の高さ」なのだろうか。そうではない。内申点は中間考査や期末考査の得点だけでなく、普段の授業態度や各種提出物の状況などを勘案して数値化される、いわゆる「絶対評価」である。あえて簡単に言うと、「担当教員の好感度の高い」優等生タイプの子は内申点が高く出る傾向にあり、そうでないタイプの子、たとえば、生意気に見えたり、だらしなくて忘れ物が多かったり……という子は内申点が低く出る傾向にある（もちろん、そう断言できる性質の話ではないが）。しかしながら、そのような大人受けしないタイプの子が学力的に低いとは限らない。むしろ、早熟なゆえに教員から疎まれるような子もいる。

わが子を観察して、中学校では「どうも適正な評価が受けづらいタイプ」ではないかと保護者が判断すれば、中学受験を子に選択させるのも手だ。

中学入試は基本的にペーパーの得点がすべてである。四科の合計点の高低で合否が決定される（もちろん四科以外の判定方法もある）。ある意味、シンプルでフェアな世界なのだ。

あとは、第二章で中高一貫校のさまざまな魅力を紹介した。わが子の将来を考えた上で、中高一貫の教育を授けたい――そういう前向きな動機を保護者が持てれば、自信を持って子に中学受験を勧めてほしいと考える。

高校受験向きの子

個人差が大きい精神面の成長

ここからは武川が高校入試に「向いている子」を分析していこうと思うが、その前に中学入試について私の実感に触れておく。矢野氏の実感とは異なる点があるかもしれないが、様々な側面があるため、うまく相対化しながらお読みいただけると幸いである。

中学入試では、本人の学力と内面的な成長が大事である。だが、それと同じように、場合によってはそれ以上に「親の力」が試される。

家庭の経済力という大きな要因は別にして、どこまで保護者が介入するべきかという「程度」の問題である。特に最近は、いわゆる「親が横に張り付いてべったりと面倒を見る」といったタイプの家庭の子は、あまりうまくいかないように思う。中学入試で好結果を残すタイプの受験生は、「塾」と「家庭」との役割分担がなされた上で本人のサポートが行われている、というイメージである。しかし、受験生は一二歳の子どもである。自立心というものにはあまり期待できない。したがって、大人は限りなくなんらかの手助けをせざるを得ない。

一方、高校入試は一五歳の中学三年生による競争だ。中学入試に比べると三歳の差になるが、この世代での三歳差はけっこう大きい。肉体面も、精神面も（女子を中心に）急に成長する。ただ、精神的には不安定で、なにより個人差が著しい。同じ中学三年生でも精神面の成熟度は、その経験の多寡や濃淡によって大きく異なる。

しかし、未熟とはいえ精神的な成長の優劣が受験結果になんらかの影響を及ぼしてしまうのが、中学三年生による高校入試なのだ。特に早慶ＭＡＲＣＨレベル以上の入試では、最も大事な要因のひとつとなる。もちろん、「気合」「根性」といった　古い精神論を指しているのではない。

中学三年生の二月に実施される入学試験を「ジブンゴト」として認識できるかどうか、という意味での「精神」論である。「ジブンゴト」の認識はそう簡単にはできないことなのだが……。

自分で「壁」を見つけられる子か？

「精神の成長」と言っても漠然としているので、もう少し具体的に述べていこう。ここでの「精神の成長」は大きく分けると二つの意味になる。一つは「壁を乗り越える経験」であり、もう一つは「受験は落ちるもの（＝必ず合格するわけではない）との認識」である。ひとつずつ内容を確認していこう。

受験生にはそれぞれのレベルで必ず自身にとっての困難さ、すなわち「壁」が立ちはだかる。「壁」は個人によってその「高さ」が変わる。最上位生は塾内模試でいつも特定の生徒に勝てないことや、全国模試での偏差値が六〇を超えない、あるいは、特定の苦手科目がなかなか仕上がらないといった、主に成績面の悩みが壁になる。この悩みは受験学年になってから特にその深さが露わになってくる。

仮にそれが「一位が取れない」「偏差値七〇を超えない」という客観的に見れば贅沢に思えるものであっても、本人としては切実な悩みである。その「壁」が越えられなければ自分の入試はうまくいかない、または納得ができないと考え、ときに自分の不甲斐なさに涙を流す。そんな生徒もいた。しかし、その生徒の順位は最上位生が受ける学校別オープンで上位五傑であり、そもそも合格圏内にいて、実際にその学校に合格したのだが。

このように自分の「壁」を見出すことのできるタイプはその壁を自分なりに乗り越えて、結果として合格していくパターンが多い。

一方、成績を直視せず、「なんとなく点を取れているからまあいいか」と自分を納得させつつ、自らの課題から目を逸らすというタイプもいる。「まさにわが子だ」と思った保護者が多いのではないだろうか。

やる気があるのかないのか分からない。テスト結果が返ってきても机の上に放置されていて、いかにも興味がなさそうである。そんな姿に親のフラストレーションが溜まっていき、ふとしたときに爆発してしまう。しかし、相手は色々と「難しい」年頃だ。強く叱ってしまうとあっという間にむくれて反応がなくなってしまう。そしてそんな姿にまたフラストレーションが溜まり……という負の無限ループが発生する。

保護者の我慢強さの問題というよりも、そもそも子どもたちの心の葛藤に気づいていないというケースがほとんどである。当然、子どもたちも自分の模試結果に本当に関心がないわけではない。少なくとも早慶ＭＡＲＣＨ付属レベル以上を目指す生徒なら、なおさらだ。

「負の無限ループ」を乗り越えるタイプ

葛藤の中身はありがちなことが多い。たとえば、「勉強しなければならない」ことは分かっているものの、「アプリゲームをしたい。話題のＹｏｕＴｕｂｅｒの動画を見たい」といった欲求とがせめぎあう。そしてたいていは欲求に負けてしまう。

なかには両者を「葛藤」ではなく、「両立」させようとする受験生もいた。どうしてもゲームをしたいから朝の五時に起床して二時間ほどゲームをし、その後学校や塾に行き、帰宅して寝るまでは一切ゲーム類に触れない。そんな生活リズムで試験直前までを過ごしたのだが、最終的に最難関校に合格した。

また、年末の特別講習を終えたあと、年越しのカウントダウンライブに向かう姿をインスタグラムに上げ（もちろん周囲の受験生は動揺する）、翌日の元旦模試で好成績を残した、という生徒もいた。ストイックの意味をはきちがえずに「やるべきこと」と「やりたいこと」を両立させる理想的な受験生は毎年いる。

しかし、そんな生徒はごく少数だ。難関校を目指す受験生はほとんどの場合、「やるべきこと」が分かっている。そこに完全に注力できない自分が「ダメである」ことも分かっている。つまり、分かっているけどできない。それを親から指摘されると行き詰まった感情が爆発し、反抗してしまう。しかしその結果、心の中の「やるべきことをやっていない」という心のわだかまりはさらにその存在感を増す……。そう、負の無限ループは保護者だけでなく、子どもたち自身も抱えているのだ。

この「負の無限ループ」を乗り越えること、端的に言えばそれが「成長」である。自分自身の葛藤を乗り越えることができた生徒の結果はおおむね良かった。逆の場合、葛藤に負け、自分の現状を正確に捉えることができず、「なあなあ」で過ごした生徒の受験結果はあまりよろしくない。そして彼らの一部は、不合格になってから「自分に向き合う意味がやっと分かったような気がする」とこぼす。「あくまでも受験は人生の通過点」であることを踏まえれば、高校入試でこのような「気づき」を得られたことは大きな意味を持っている。その気づきをその後の人生に生かすことができれば、「敗者復活」のようなチャンスが訪れるのだ。保護者との関係性や本人の性格によっては、「受験で成功すればそれはそれで良いが、失敗してもそこから得るものがあるのではないか」と、志望校決定面談などの折に話すこともある。

とはいえ、受験指導に携わるものとして当然ながら、「敗北」を前提として生徒に受験させることはない。受験で良い結果を得るために、本人に対して「壁を乗り越える」必要性を説く。自分なりに壁を設定して乗り越えていく。これは心理学でも「スモールステップ」と言われたりするが、段階的に自己を成長させる機会を作っていくのだ。

受験校との相性が悪かったのか?

一人、思い出深い受験生がいるので紹介しよう。

すずさん(仮名)は、公開模試での数値や学校別オープンの順位については大きな問題がなく、おそらく十分合格圏内なのではないか、と思っていた。しかし一月になって、彼女は第一志望校の過去問の演習をする際に、まったくと言っていいほど点数が取れないという現象が起こった。最初はその学校の出題と相性がよくないのか、などと色々と思案した。あまり好きな言葉ではないがスランプを迎えたのか、とも思った。だが他の学校の問題は普通に得点する。どうやらすずさんは、その学校の問題になると途端に力が出なくなるようなのだ。

入試の五日前、最後の授業日にその学校の入試演習を授業内で実施した。すると、なにか挙動がおかしい。文章の読み方、設問へのアプローチなど、あらゆるものが何というか

「ちぐはぐ」だったのだ。そんなことでは、点数はもちろん取れない。授業後に面談室に呼んだところ、すずさんは椅子に掛けるやいなや泣き出してしまった。このままでは合格できない。もうダメだ、と。

つまり、それこそが彼女にとっての「壁」だったのだ。彼女の思いを受け止めつつ、これまでの努力（本当によく頑張っていた）やその学校への思いなどをしっかりと評価してあげた上で、最後は自分でその怖さを乗り越えなさい、と話をした。すずさんは五日間で最後の「壁」を越えた。憧れの制服に身を包み、現在も楽しそうにその第一志望校に通っている。

不安が「燃料」となって「ジブンゴト」に

そしてもう一つ。「受験は落ちるもの」と捉えることの重要性を述べたい。

受験に対する「怖さ」を感じられるかどうかが、大事になる。怖さとは、「落ちる（不合格になる）かもしれない」という不安の中から生まれる。

実際のところ、受験への意識が高いとされる最上位生でもそうなのだが、夏休みを終えるぐらいまでは、「自分は不合格になることもなく、どこかの学校に合格できるのではないか」と大半の生徒が漠然と思っている。いや、そもそも「受験」なんていうイベントはずっと先で、自分が受けるのだろうけれど、実際にどんなものかも分からない。落ちることはあるのかもしれないけれど、「まあ何とかなるでしょ」程度にしか認識していない受験生が大半であろう。そもそも受験を経験していない「普通」の中学生ならまだしも、中学受験からのリベンジ組も同様であることが多い。これは彼らにとって、中学受験がまさに「ジブンゴト」ではなかったことの証左でもあるのだが。

いずれにしろ、漠然とした「合格できるのではないか」「何とかなる」という思い込みが、「不合格になってしまうのではないか」という意識へと変わったとき、その受験生の合格可能性は飛躍的に高まると言ってもいいだろう。もちろん、むやみやたらに恐怖や不安を抱いてしまってはいけない。より鋭く、より的確に状況を把握する力を身につけるべきだと言いたいのだ。

早慶MARCH付属は、その世代の最上位層が受験する学校であること。いわゆる一般の高校入試の倍率は一倍強、つまり、不合格となる受験生がごく少数なのに比べ、早慶MARCH付属の入試では、合格者よりも不合格者の方が圧倒的に多いこと。これらの事実を理解すれば、今自分が挑もうとしている受験が決して生やさしいものではないことに気づく。

これまでも倍率などを知らなかったわけではないが、それでも合格すると思っていた。しかし、模試や過去問演習などの結果をきっかけに、明確な危機感を持ち始める。また、中学校の友人やクラスメイトたちに、自分の受験校が早慶ＭＡＲＣＨ付属であることが知られているとき、もしどこにも合格しなかったら……という不安や見栄のようなものが契機となることも多い。

そんな気づきを、中学三年生の子どもたちは保護者の言葉や、塾講師からの激励などから得る。あるいは友人たちとの会話の中から自覚していく。「自分はこのままでは合格できないかもしれない」との思いが「燃料」となって、勉強へと駆り立てられるのである。つまり、「落ちる可能性」を自覚した後に「落ちたくない（＝合格したい）」と強く願って、はじめて高校入試が「ジブンゴト」になっていくのだ。

この気づきは、入試シーズンが始まってから起こることもある。この場合、「落ちたくない」というよりも「落ちてしまった」という現実を踏まえての奮起である。そんな受験生の実例を紹介しよう。

その生徒は「押さえ」の立教新座の受験前、合格を確信していたが、試験当日、会場に着いた途端に今まで経験したことのない緊張感に襲われた。結果は不合格。受験直後から、あまりの手ごたえのなさに悪い予感がしていた彼だったが、実際に結果を目の当たりにしたとき、「これが受験か……」と呟いた。

だが、その日から慶應志木高校の受験日までの彼は、これまでいちばん成長した。それまでも勉強をサボっていたわけではないが、「押さえ」の試験にどこか気が緩んでいたのだろうか、そんなふうに自分を見つめ直した数日間だったと、のちに語ってくれた。立教新座の受験結果が出てしばらくすると顔つきが変わっていた。すべてが終わってみれば、彼は受験した早慶付属高校に全部合格し、慶應義塾に進学した。

また、学力も高く、学校外の活動にも優れていて、その実績で間違いなく推薦で早慶付属に進学できるだろうと目されていた女子生徒がいた。学外活動の実績は確かに申し分なく、担当する指導者も太鼓判を押しており、私も大丈夫だと踏んでいた。しかし、結果は不合格。この時、一緒に受けていた友人で、別のスポーツで実績があった子は合格だった。なかなか残酷な結果である。さぞかし落ち込んでいるだろうと思ったが、彼女は悔しい感情を整理して、すぐに一般受験でのリベンジに挑んだ。すばらしいほどの切り替えの早さである。一月末に不合格になってからの約二十日間、おそらく一年の中でもっとも集中力を高めて勉強に励んだ。彼女も一般入試で受験した早慶付属高校にすべて合格し、自分を推薦入試で不合格にした学校に進学した。

「壁を乗り越える」ことも、「受験に落ちるかもしれない」と感じることも、「ジブンゴト」という認識を持てるかどうかにつながっていく。ここが「親離れ」の第一歩なのだと思う。これまでは大人が敷いてくれたレールの上を素直に歩き、時にそこから逸れようとしてきた子どもが、受験の結果は自分だけが背負わなくてはならないものだと自覚し、戦いを繰り広げる。そこまでの精神的成長が見込めるならば、高校入試の結果そのものも決して悪くはならないと断言できる。一方、繰り返しになるが、この自覚が足りない受験生の結果は推して知るべし、である。

「何を勉強したらいいですか」と質問しない子

これまでと同じく中学入試と比較し、主に学習管理という観点で話を進めていきたい。

中学入試では、ある程度、保護者の管理のもとで日々の勉強を進めていくことが望ましい。これは低学年でも高学年でも同様であり、保護者の管理が難しいようなら、塾に管理を一括して任せるという方法もある。それを売りにしている進学塾もあるほどだ。たしかに、最優秀生の一部の層は自分で学習管理ができるが、多くの場合は管理や学習方針の立て方は未熟だ。やはり保護者や塾の科目担当者からの（場合によっては、その塾専用の家庭教師や個別指導の担当者からの）管理が必要となる。

一方、高校入試では、塾の科目担当者の影響によって成績を大きく伸ばしたという事例はあっても、「保護者の管理が行き届いていたから開成や国立付属、早慶ＭＡＲＣＨ付属に合格できた」という事例を、私はほとんど見たことがない。むしろ最後までそのような態勢だったから、思わしくない結果になってしまった、というケースの方が多いと言っていい。結局のところ、周りが騒いでいるうちは受験生は「ジブンゴト」とは自覚できないのだ。

しかし、いかに親から自立した中学三年生とはいえ、自力で受験を突破できるほどの成長は期待できない。高校入試で「一切進学塾のお世話にならずに筑波大附属駒場や開成、慶應女子に合格した」というような事例はほとんど聞かない。

塾の講師が学力面を中心に生徒の成長に寄与する面は大きいと言えるのだが、やはり何事も「程度問題」である。塾の先生に全幅の信頼を寄せるというケースはよくある話だ。中学三年生にとって大人は、豊かな知識を持つ魅力的な人に映る。しかし、その先生の言うことをすべて鵜呑みにしてしまってはいけない。

塾講師は、時に「志望校を決めてほしい」と求められることがある。これは名誉なことなのかもしれないが、微妙な問題も抱えている。塾講師は「受験」という一人ひとりの人生の大きなイベントに関わるのだから、その責任は重い。たしかに科目面の指導だけでなく、高校入試では受験校決定の進路面談も担当する。そこで早慶ＭＡＲＣＨ付属高校の受験へと安易に誘導することは、結果としてその生徒の大学をその時点で決めてしまうことになる。そのことを認識しておかなければならない。

そもそも受験結果とは、受験生が自ら決断した事実の多さと関連を持っているように私には思える。だから、「先生、私は何をしたらいいですか」というのは、あってはならない質問なのだ。

経験上、「合否のボーダー層」がこの種の質問を二学期の後半以降にし始めた場合は、あまり良い結果に終わらない。なぜこの質問がダメなのか、さらに説明していきたい。

この質問の最も悪い点は、「自分で自分の課題を見つけようとしない」ことなのである。客観的に見ている大人の一人で、信頼できる塾の先生なら自分の欠点を理解してくれている。欠点を解決する何らかの手段も持ち合わせている、と思っている。そして、それは自分で考えるものよりもきっと優れているだろう、と。もちろん、塾講師が生徒の弱点を見抜いていることは多い。しかし、問題はそこではなく、自分で考えることを放棄している点なのである。依存する先には、自主的な思考力の減退しか待っていない。

このように他人から与えられるのを待つ姿勢は直らず、大人になっても続きがちだ。社会を見渡せば、「誰かが自分のために何かをしてくれる」と受動的に過ごしている人は少なくない。そういう大人にしないためにも、こちらからの働きかけには慎重であるべきだ。

もちろん、合格する生徒のすべてが自分の弱点に対して自主的な行動をとっていくわけではない。講師の側からのアプローチによって気づくケースがほとんどである。しかし、最後は自分の状況を「客観的」に捉えられる目が必要になる。

成長した、と感じる生徒の多くは、自分の問題点を踏まえて課題を要求してきた。最初は「数学の図形が苦手」「英語の熟語を練習したい」「国語の古文が読めなくて」といった大雑把なところからスタートする。最終的には「数学のある分野のこれ」というふうに、自分の弱点の「処方箋」を自らで書けるようになる。ここまで俯瞰的に自分を捉えられるようになると、難関校合格の可能性も見えてくる。その後の人生においても自分で課題を見つけ出し、解決していくという習慣がつく。やはり受験における「成長」は受験のみな

（図表15）
開成高校2019年度入試　平均点

試験科目	国語	数学	英語	理科	社会	合計
合格者平均(a)	69.6	59.0	78.1	41.2	35.6	283.5
全体平均(b)	61.8	46.0	67.8	38.8	32.3	246.7
(a)-(b)	7.8	13.0	10.3	2.4	3.3	
配点（満点）	100.0	100.0	100.0	50.0	50.0	400.0

※同校のホームページより

（図表16）
早稲田実業学校高等部
2019年度入試　平均点

試験科目	英語	国語	数学
受験者平均点	63.1	55.4	43.9
配点（満点）	100	100	100

※同校のホームページより

らず、人生にとっても大きな影響を持つと私は考えている。

科目バランスは、「数学優位」に

最後になってしまったが、科目面の話をしたい。早慶MARCH付属をはじめとした難関校入試で最も点差がつきやすい科目は何かというと、答えは数学である。合否を分ける場合もあると言っても差し支えないだろう。科目別の平均点を公表している開成と早稲田実業のデータを確認していこう（**図表15、16**）。

数学の平均点が低い学校は多く、特に開成では受験者の全体平均点と合格者平均点の乖離が最も大きい。過去の生徒を思い出しても、数学が早慶付属レベルである程度取れる生徒は、複数受験をしていけばどこかに合格できる、という事例が多かった。もちろん英語も大事だが、実は高校受験においては文法レベル、読解の文章のレベルはそれほど高くない。極言すれば、「国語力」の範疇でなんとか処理できるような問題が多い。

だから英語が苦手でも数学ができるのであれば、早慶やＭＡＲＣＨ付属の合格の可能性は十分にあると言えるし、反対に、数学が不得手ならば、帰国生並みに英語ができるか国語が抜群にできるというような条件が揃わないと、なかなか合格は難しいと言える（特に早慶付属は）。したがって、高校入試の進学塾の選抜クラスでは、数学の授業日を他科目に比べて多く設定しているところもある。

これまで多くの順当な合格と逆転合格、そして私の力及ばず無念な結果に終わってしまった受験生を見てきた。その中で導き出した結論は、繰り返しになるが「受験の結果は人間的成長の結果」ということだ。入試とは結局のところ、親でも塾の講師でもなくあくまでも「ジブンゴト」なのだ。この認識をしっかりと持てる子こそ、最難関の早慶ＭＡＲＣＨ付属高校に合格していくのである。

おわりに

矢野耕平氏と私はツイッターで出会った。もっとも、それ以前から私は矢野氏を一方的に認識していた。彼は私の在籍している進学塾で記録的な好結果を残し、その後独立した。その塾「スタジオキャンパス」は二校舎を構え、一三年続いている中学受験塾である。同じ業界の中で「結果」を残し、さらに自ら勉強して成長しようとしている。そんな矢野氏を尊敬していたのだ。

その後、矢野氏と私はある会合で同席し、二人のキャリアについて語り合ったのが本書を企画したきっかけである。中学入試や大学入試について解説した本はたくさんあっても、高校入試、とくに早慶ＭＡＲＣＨ付属高校について語られた類書が少ないこと。大学入試の環境変化の中で、今後注目を集め得る分野であることなどに話が及んだ。中学、高校、大学入試を横断的に担当した私だからこそ書けるなどと放言していたら、「本にまとめてみよう」という計画になった。二人で企画書を作り、朝日新聞出版に提案したところ、幸いにも出版が決まった。そして怒濤の執筆の日々がはじまった。

一つひとつの文字を打ち込んでいくうちに、自分がいかに生徒たちによって鍛えられ、育まれてきたかに気がついた。合格者の晴れ晴れとした顔も、涙に歪んだ顔も蘇ってくるようだった。

現在、二〇二〇年春の入試に向けて中学校三年生のクラスなどを担当しているが、次年度は大学入試指導に注力するため、最後の高校入試の担当となりそうだ。この本を私は「高校受験指導の卒業論文」と位置づけている。なんらかの形で世に残したいという願いが、矢野氏の助力もあって結実した。

入試に携わる者として確信していることがある。本文でも述べたように、入試は人生の通過点にすぎないということだ。それでも、この通過点は非常に大きな意味を持っている。結果だけでなく、むしろそこに至るプロセスが生徒たちの人生には重要だと考えるからだ。彼らに助力できるこの仕事に私は誇りを持っている。だからこそ常に自分自身を高めていかなければならないとも思っている。

本書は、大きく変わった中学・高校入試の状況とその対策を、現場の最前線に立つ者として出来る限り詳しく書いたつもりだ。本書が早慶MARCH付属校への進路を考えている保護者にとって、有益なものとなるよう願ってやまない。

本書の執筆に当たっては、共著者の矢野氏に貴重なアドバイスを多数、頂戴した。また、本書でのエピソードの多くは佐藤俊樹、望月悟史、大西充彦、各氏らとの仕事を通じて得られたものである。謝意を表したい。

出版の機会を与えていただいた朝日新書編集長の宇都宮健太朗氏と、編集作業でお世話になった福場昭弘氏に心より感謝申し上げる。

最後になったが、私の授業を受けてそれぞれに新しい人生を歩んでいった生徒たちにも感謝の意を示しておきたい。皆さんがいたから、私はいまこの仕事を続けていられるのだ。

二〇一九年一一月

武川晋也

矢野耕平　やの・こうへい
1973年生まれ。大手進学塾勤務後、現在、中学受験専門塾「スタジオキャンパス」代表。東京・自由が丘と三田で２校を展開。著書に『女子御三家 桜蔭・女子学院・雙葉の秘密』『男子御三家 麻布・開成・武蔵の真実』『旧名門校vs.新名門校』など多数。
Twitterアカウント @campus_yano

武川晋也　たけがわ・しんや
1985年生まれ。中学・高校・大学受験指導に長年従事。2019年度まで早稲田アカデミーで講師として活躍。早慶付属校の合格者を数百人送り出す。四谷学院や北九州予備校でも教えている。
Twitterアカウント @take_it_eaz

朝日新書
740

早慶《そうけい》MARCHに入《はい》れる中学《ちゅうがく》・高校《こうこう》
親が知らない受験の新常識

2019年12月30日第１刷発行

著　者　矢野耕平
　　　　武川晋也

発行者　三宮博信
カバーデザイン　アンスガー・フォルマー　田嶋佳子
印刷所　凸版印刷株式会社
発行所　朝日新聞出版
〒104-8011　東京都中央区築地5-3-2
電話　03-5541-8832（編集）
　　　03-5540-7793（販売）

Published in Japan by Asahi Shimbun Publications Inc.
ISBN 978-4-02-295045-1
定価はカバーに表示してあります。
落丁・乱丁の場合は弊社業務部(電話03-5540-7800)へご連絡ください。
送料弊社負担にてお取り替えいたします。

早慶MARCHに入れる中学・高校
親が知らない受験の新常識

矢野耕平
武川晋也

中・高受験は激変に次ぐ激変。高校受験を廃止する有力中高一貫校が相次ぎ、各校の実力と傾向も5年前と一変。大学総難化時代、「なんとか名門大学」に行ける中学高校を、受験指導のエキスパートが教えます！トクな学校、ラクなルート、リスクのない選択を。

第二の地球が見つかる日
―太陽系外惑星への挑戦―

渡部潤一

岩石惑星K2-18b、ハビタブル・ゾーンに入る3つの惑星を持つ、恒星トラピスト1など、次々と発見されつつある、第二の地球候補。天文学の最先端情報をもとにして、今、最も注目を集める赤色矮星の研究を中心に、宇宙の広がりを分かりやすく解説。

俳句は入門できる

長嶋 有

なぜ、俳句は大のオトナを変えるのか!?「いつからでも入門できる」「俳句は打球、句会が野球」「この世に傍点をふるようによむ」――俳句でしかたどりつけない人生の深淵を見に行こう。芥川賞&大江賞作家で俳人の著者が放つ、スリリングな入門書。

タカラヅカの謎
300万人を魅了する歌劇団の真実

森下信雄

PRもしないのに連日満員、いまや観客動員が年間300万人を超えた宝塚歌劇団。必勝のビジネスモデルとは何か。なぜ「男役」スターを女性ファンが支えるのか。ファンクラブの実態は？ 歌劇団の元総支配人が五つの謎を解き隆盛の真実に迫る。